如何成為與眾不同的
占　星　術　士

How to Become an Unique Astrologer

馬雅人 Maya / 著

推薦序

將「心」比「星」的占星術士

市面上的「星座書」或者有深度的「占星書」已經不少，為何還需要這本新作？或者說，哪類讀者需要？

個人以為，這是本輕鬆，但其實更帶點「占星勵志」風味的入門書。一方面有某些初級該具備的占星知識，一方面也大量導入對星盤與人生的交叉理解。

第一至七講著重基礎知識，第八至十二講則簡介占星學派，讓入門者知道占星在西方神秘學界早就不是「每日太陽星座運勢預測」的層次。

作者開宗明義說：

「解盤」，就是「理解」星盤，目的應是為了不讓這個星盤中出現過的苦再繼續重複「輪迴」、「存在」。

從這點看來，作者對於占星的興趣早跨越了為人解盤的「自我感」，而進入「自我修煉」的起步。

　　我明白這點，是因為我先認識作者是一位瑜伽修士，現在才是占星術士。兩個角色都在學習的路上，但我相信一個秉持瑜伽修士原則的占星愛好者，無論如何也不會再拘限於原本的占星學。反而會藉助對星體、星宮的理解，上看天地，甚至，期待轉化小我的命運。

　　正如《奇蹟課程》所說：「該把不可欲的帶到可欲之物前，把你不想要的置於想要的東西前。這是你得救的唯一途徑。」

　　對心理學有所知的讀者，對這部份自我面向的分析，可能會想到1955年由Joseph Luft和Harry Ingham共同提出的「周哈理之窗」（Johari window）：

第一扇窗「開放我」(又稱公關區)：別人知道，自己知道

第二扇窗「隱私我」(又稱秘密區)：別人不知道，自己知道

第三扇窗「盲目我」(又稱背後區)：別人知道，自己不知道

第四扇窗「潛在我」(又稱潛能區)：別人不知道，自己也不知道

	自己知道	自己不知道
別人知道	公關區	背後區
別人不知道	秘密區	潛能區

周哈理之窗

更緣起一點，可能想到容格心理學派以兩個名詞去描述「自我」和更深藏一點的「本我」：Ego和Self，Ego有如一般說的意識（consciousness），當事人可自覺的（但很多人根本連這部份都懵懵懂懂、稀里糊塗）；Self則包含了潛意識（unconscious）與集體潛意識（collective unconscious），其中可找出一大堆的「次人格」或「陰影」。

而容格後來還發現了Soul（靈魂），那使他晚期的作品轉

向靈性的「煉金術」，也可視爲突破「學術系統」，而轉向「生命自身」。

　　當然，對凡人講大道理前，還是先得示之以「術」，包括個人的興衰禍福，以及如何操縱「術」。這是坊間爲何所有的占星學市場，只得以「太陽星座」爲主流，而數千年的瑜伽道，進入二十世紀後也被「體位瑜伽術」掩蓋。

　　多數命理學的術本來立於「數」，包含易經、紫微、八字、生命靈數亦皆有數。所以，學習占星自不免有其枯燥但求科學的一面（如相位、角度、星曆等），這是學人無法避免的門檻。若能撇開技術，直探心法，你又會發現探訪星星的天空，與很多靈性追求者的內在冒險殊無二致。

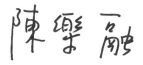

撰序於2011.01.01

自 序

如何成為與眾不同的占星術士

不想因為解盤而被人稱為「算命的」（Fortune-teller），所以我選擇了「占星術士」（Astrologer）這個名詞。就如同許多外文的占星相關書籍裡面所稱呼的一樣。

什麼是「算命的」？大部分會來諮詢、請求解盤的，多半是對於一再重覆的苦惱人生充滿疑惑的人，他們的問題也很相近：「接下來應該要怎麼做比較好？」、「我可不可以……？」、「什麼時候適合……？」、「他（她）到底在想什麼？」、「我如何才能讓他（她）……？」不外乎就是追求健康、財富、感情、事業、成就、家庭、權勢、名望……等等，卻「求不得而為此受苦」。通常這些人也不會想要深究為何求不得，只是反覆述說著那苦，企圖找個時間點解脫。

問題是真的解脫得了嗎？我認為所謂性格決定命運並非沒有根據，經年累月所造就的性格，單單以一個人的能力來說，

除非「痛徹心扉」、「學乖了」，不然到最後還是沒有辦法做任何幅度的修正，更別說扭轉或改變命運。運氣的起落只是讓人反覆地以不同方式再次體驗自己所養成的性格罷了。於是命運仍舊是「命」、「運」，交互影響卻又各自為政。

所謂「解盤」，就是「理解」星盤，目的應是為了不讓這個星盤中出現過的苦再繼續重複「輪迴」、「存在」。過去我為人解盤的經驗是，若他們並不想深究其理，最後我只能疲於奔命地幫他們找適當的時間點，好讓他們逞一時之快。然而就算到手，也會因為命中注定要失去，而因此受苦，就像浮士德以靈魂與魔鬼交換日以繼夜十年揮霍無度的財、色、名、食、睡，卻沒有顧慮到隨之而來更厲害的「苦」果。

當我面對這些人，常常不禁自問：這樣真的「解」了盤嗎？如果又有收取諮詢費用，更應該要擔心：我到底拿了「什麼」跟他交換？也許是未來我可能有的福報，雖然無法像銀行利息一樣以複利計算，但是這樣的交換真的值得嗎？身為一個試圖剖析命運的人，如果真明白命運的精密設計及宇宙的浩

瀚，應該不會天眞地以爲自己能力強大到足以玩弄或掌控這些宇宙秩序，甚至進而做出「對不起自己良心的事」。物極必反，能量被玩到極致也是會反撲的。若是一位有德之人，會在做之前，先想清楚後果如何。

　　相較於前者，我認爲所謂「占星術士」是要做很多「關於自己」的功課。因爲「占星」也是「占心」，一顆星（心）就像寶石，需要經過琢磨，將許多附著在表面的髒污、不必要的雜質，經過仔細清理，再透過工匠審愼地選擇適當的角度，運用高超的儀器及技巧進行切割、磨光等繁複的步驟，才能顯現出璀璨的光輝。我覺得這個功課並非大量觀看他人的星盤就可以做好，反而得往自己的內心看，因爲行運星星的波動，端看自己的心呼應出什麼，諸如：心念投射到外界所抓取到的事物或創造出幻象而產生的各種情緒（想要而得不到、企圖得到或已經有，卻害怕失去）。

　　這些因爲星星而產生的的心念，雖然不見得落實於目前所屬的現實世界，然而「祂」所造成的情緒餘波，是如何作用在

自己身上，如何成就了一個如神話般似真似幻的情境，深印在腦海裡；這些情境、情緒、角色扮演，又是如何套用到自己人生中許多性質相似的事件上，都是必須深入探討的。唯有將自己看得透徹，才有辦法在看他人星盤的同時，就某些自己曾經經歷過的部分，道出與他人內心深處相近的癥結，也才算有辦法「解盤」。

當我面對形形色色的人，我透過解盤所能給予的，即便功力不夠深厚到足以解惑（認清事實真相），但至少也應該要幫助他們「安心」。畢竟他們是帶著疑惑和不安而來，就像當初自己想要學占星的出發點一樣，是為了找出問題的癥結，並冀求適合的解決方法。然而根據自己過去的經驗，不論事情有沒有真正解決，通常只要願意好好面對，就可以釋懷、安心。因此有趣的是，幫助來諮詢的人得到「安心」，才是真正一勞永逸的方法。

也就是說，當心態培養正確，這本書可以幫助對占星有興趣的讀者「成為好的占星術士」。它的基本架構來自倫敦心理

占星學派，主要探討占星學裡較本質的東西，以及如何運用許多串連的技巧，就像學一種新的語言要懂得文法及句型架構，才有辦法做恰當的表達一樣。許多類似單字語彙的占星歷史，或是辭典式的資料將不會經常在本書中出現，這部分建議參考坊間書籍、上網搜尋，或到國外書店尋寶。至於書中提及的網站、軟體，或是占星學家及他們的相關論述，都僅供作參考，讀者若有興趣，可以另作其他學習或諮詢。

　　但是，不論看多少星盤，我覺得最後重點還是要回歸到做自己的功課，讓自己的心如明亮的星星一般，光潔無瑕。

目 次

第一講

認識占星網站，
學會 *Run* 出你的出生圖(星盤)

工欲善其事，必先利其器。在開始學Run占星之前，選擇一個專業且好用的占星網站或軟體，知道它的必備功能跟好處，可以幫助自己更快了解占星學。

天王星在1996~2003年間，是電腦從DOS系統進展到視窗之際，其帶動木星由1997年1月開始到1998年1月，人們從科技中獲得好處，所以，海王星在1998年到2012年1月，人們對科技充滿憧憬，促使科技具有跨時代的進展。在此前提下，占星學開始網路化，同時電腦的精密計算能力使出生圖的精準度大增，而可以軟體化，所以現在網路上很容易就能找出許多可以Run出生圖的網站，只要在關鍵字搜尋欄鍵入英文，如：Birth Chart、Natal Chart，或是中文，如：星座命盤……等等，很快就會出現一大串可參考使用的網站連結，內容之豐富令人目不暇給。

如果不想花錢買占星軟體，可以考慮上述方法，進入各網站去Run出生圖，它們大部分都允許個人列印，相當方便。但是如果需要更進一步的星盤，如兩人的合盤（Synastry Chart）、地運盤（Relocation）、行運盤（Transit）、推移盤（Progressed）等，或是其他更複雜的組合盤，則只有較專業的占星網站才會提供，這部分中文網站似乎還沒有辦法落實。另外，雖然其他語言的網站或許也很方便，但礙於大部分還是以英文為通用語言，所以我選擇介紹其中一個英文專業占星網站—Astrodienst（占星個人數位服務網）。

Astrodienst（ *www.astro.com* ）網站，是由英國倫敦著名的心理占星學家麗茲‧格林（Liz Greene）和一群厲害的占星學家、天文學家以及電腦網路專家等一起合作架構的網站。裡面有許多新進的占星文章，詳列世界名人的出生資料、即時的行星位置及星曆表（Ephemeris），有興趣的人也可以做免費的網站解盤、加入討論區、購買相關占星書籍產品、參加倫敦占星學院（CPA；Center of Psychological Astrology）的占星課程等，可供瀏覽的選項非常多。在網站內容的閱讀上，目前有多種語言介面可供選擇，雖然也有簡體中文介面，但是語法與繁體中文有一些落差，不介意的人也可以選用，但是關於以下介紹，我會直接以英文的選項作說明。

在Astrodienst網站，一進入首頁，便有各式各樣的簡介跟選項，如果要Run出生圖，請先進入「My Astro」（我的占星）選項的頁面。網頁會問使用者是否要加入免費會員，若是，則須提供一個有效的電子郵件信箱，並建立基本資料、設定密碼等，這樣做的好處是：可以免費以一個帳號儲存100筆出生圖資料；若沒有興趣登入帳號，只想以瀏覽者身分Run出生圖，可以選擇「Create a horoscope immediately，as a Guest User」（以訪客身分立即建立一個星盤）這個選項，網站容許這種臨時帳號最多輸入4筆出生資料，以方便想看合盤的使用者。

接著就是輸入想要Run的出生圖基本資料：姓名、性別、出生年月日、出生時間、出生的國家及出生地等。當這些資料輸入完成，按下「Continue」（繼續）時，便會出現Free horoscopes at Astrodienst（免費解盤）的頁面。對免費解盤有興趣的人，可以點選①Psychological Horoscope ②Career and Vocation ③Personal Portrait ④……（看網站如何解說該盤）的相關描述，或是直接點選Horoscope Chart Drawings（顯示出生圖）的相關選項。

使用者可以選擇「Chart Drawing，Ascendant」（陽春型的出生圖），則馬上會在下一個頁面出現基本的星盤，如果想要有更多功能，則可以點選「Extended Chart Selection」（進一步的延伸選項）。在這裡可以選擇想要知道的星盤種類，包括前述的本命盤、合盤（至少需要第二個人的出生資料）、地運盤、行運盤、推移盤或是更多種類的複合盤，也可以選擇星盤的風格，有無彩色、圖案樣式、繪製方法等等以及天體的投影法、不同的宮位系統、行星的種類（十大行星除外）、南北月交點、相位的畫法……等等。所有需求都選定之後，點選「Click here to show the chart」（按這裡顯示星盤）就會出現依個人需求所呈現的星盤。

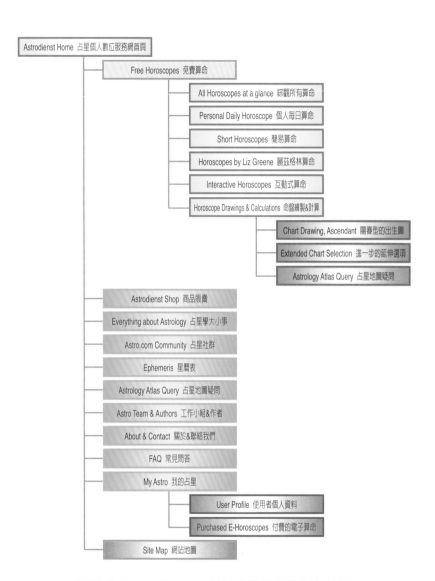

圖表① Astrodienst占星個人數位服務網站地圖

　　網站上已經登載的名人星盤，可以在（一般或臨時）帳號建立後，直接加入「My Astro」（我的占星），當作自己的參考資料，不用再重新輸入他們的出生資料，以方便想要研究名人盤的使用者。

第二講

星盤的構成

就像語言的學習是從語言的文化
及單字的熟悉開始，先理解星盤
的由來、學會讀取符號的基本訊
息以及每個刻度或角度的配置關
係。

星盤的由來

　　當手中握有一張星盤 (如圖表②)，讓我們假想自己正站在世界的中心（也就是星盤正中央的圓心位置），穿越整個地球最核心位置的地平面，從那裡看向整個天體，其實星星、星座、黃道帶，都各自在某個遙遠且彼此不相近的位置。但是因為視角是從世界的中心出發，彷彿這些都是重疊在一起的，於是我們根據太陽的軌跡選擇最接近黃道帶、上下誤差各不超過9度寬、所處位置接近十二等分的十二個星座，作為黃道的12星座，開啟春分點的牡羊座，便成為所有星座的先鋒，接著是金牛、雙子、巨蟹…一直到雙魚座，然後重回牡羊座，完成太陽年一年的循環。「太陽年」是以地球繞行太陽一圈的時間365天作為「一年」。依此類推，「木星年」是木星繞行太陽一週的時間（約12個太陽年）作為「一個木星年」，因為春分、夏至、秋分、冬至的節氣現象和地球繞行太陽的運行有關，所以寫成太陽年。

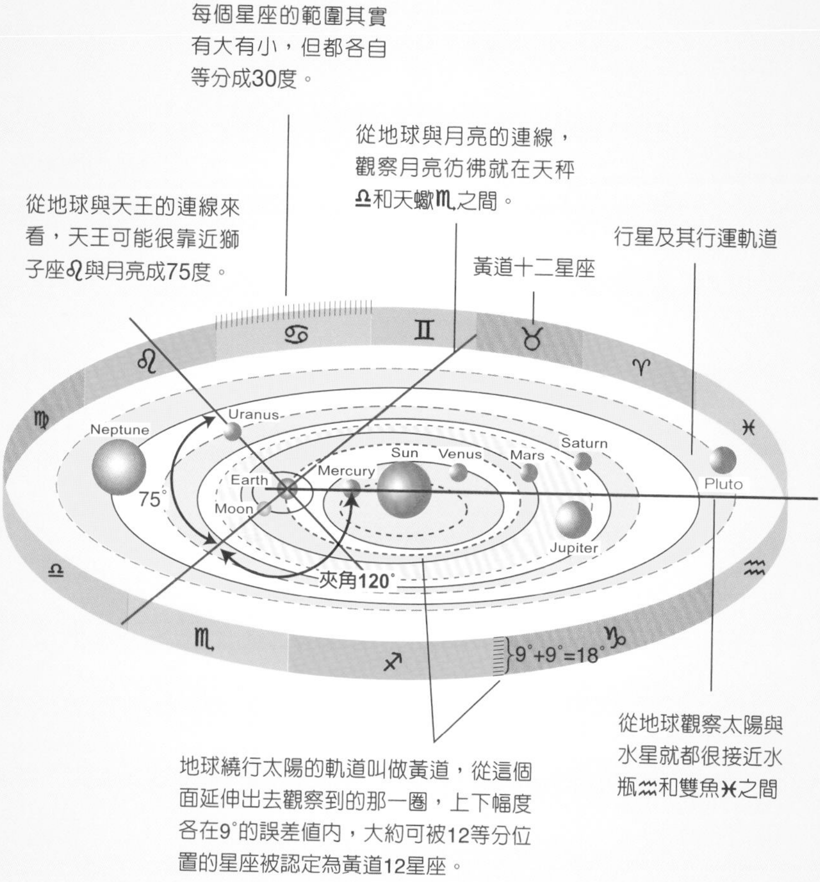
每個星座的範圍其實
有大有小，但都各自
等分成30度。
從地球與月亮的連線，
觀察月亮彷彿就在天秤
♎和天蠍♏之間。
從地球與天王的連線來
看，天王可能很靠近獅
子座♌與月亮成75度。
行星及其行運軌道
黃道十二星座
Uranus
Neptune
Earth
Moon
Sun
Venus
Mercury
Mars
Saturn
Pluto
Jupiter
75°
夾角120°
9°+9°=18°
從地球觀察太陽與
水星就都很接近水
瓶♒和雙魚♓之間
地球繞行太陽的軌道叫做黃道，從這個
面延伸出去觀察到的那一圈，上下幅度
各在9°的誤差值內，大約可被12等分位
置的星座被認定為黃道12星座。

圖表② 天體觀測概念圖

　　這十二個星座所佔黃道的範圍其實有大有小，為了方便計算起見，各個星座都被各自等分成30度，但是這不等同於太陽每日行經的度數，也不等同於宮位的度數；星座的度數及範圍大小會和正對面的星座視為相同。

　　宮位的安排是從觀察者所處的東方地平線（從星盤分作1到12的區塊中，標示數字1的第1宮的起始位置，也就是有些星盤左邊寫著AC或Asc上升星座的位置）起算零度，以所處位置當圓心，其地平面以下等分成1到6宮，地平面以上則是7到12宮，因為經緯度的關係，所觀察到的天體範圍經常有大有小，大概只有在黃道上的地區比較能適用等宮制（星座刻度與宮位刻度大小視為相同）。

　　因為地球是球狀的，同一個時間在不同經緯度所觀察到的東方地平線（切線方向）不會是同一個方向，所以上升星座度數一定不會相同，宮位起始的位置也不會相同。

　　若一天二十四小時（乘以每小時60分鐘，等於一天1,440分鐘）當中所有12星座（乘以每星座刻度30度，等於一整個星盤

有360度）都會陸續經過東方地平線一次，則可以這樣計算：1,440分鐘除以360度，也就是說，經過星座的每一個刻度所需時間約4分鐘。因此出生時間是幾點幾分，會大大影響到第1宮的起始位置，繼而影響到行星所座落的宮位。

因此，除非不看事件可能發生的場所，不然出生時間的校正以及所處經緯度的正確性，常常是在看星盤之前需要確認的重點之一。若想要校正出生時間，我傾向於使用行運木星和土星進入某些特定宮位時，可能產生的現象來佐證。通常這麼做很快就有結論了，如果仍有疑義的話，再把太陽或月亮搬出來幫忙。

關於所選擇的行星，也是以出現在黃道帶上移動的星體為主，因為是以觀察者為中心，不論天文學實際的定義為何，太陽也由原本不動的恆星，變為一顆繞行地球的行星，並以地球原本行走的軌道作為分界，內行星如太陽、月亮、水星、金星；外行星則是火星、木星、土星、天王星、海王星、冥王星等，每顆行星各有其速度，因為觀察者的緣故，即使行星按照自己的軌道繼續往前走，有時也會被觀測成逆行（Retrograde

）、停滯，或是加速前進。

　　於是天地運行，在不同時間、不同地點，所觀察到的星體所在星座，以及其所處宮位通通會不同。

　　在圖表③中，以倫敦心理占星學派熱衷研究的黛安娜王妃的出生圖為例（本書接下來也會陸續以她的星盤作範例解說），她的生日是西元1961年7月1日下午7：45，出生地是英國的 Sandringham（撒丁罕）。

　　她的上升星座AC接近人馬座18度25分（如星盤左下角對照表AC第1宮起始位置人馬座18度24分31秒，所以未標示的第7宮就是對面的下降星座DC雙子座18度24分31秒）；同理，第2宮開頭是摩羯29度48分（未標示的第8宮就是對面巨蟹座29度48分），……第12宮開頭是人馬座3度18分（未標示的第6宮就是對面雙子座3度18分）。此外，天頂MC代表第10宮開頭，底下未標示的天底IC則代表第4宮的開頭。

　　如星盤左下角的對照表所列，黛安娜王妃的太陽（第7宮）

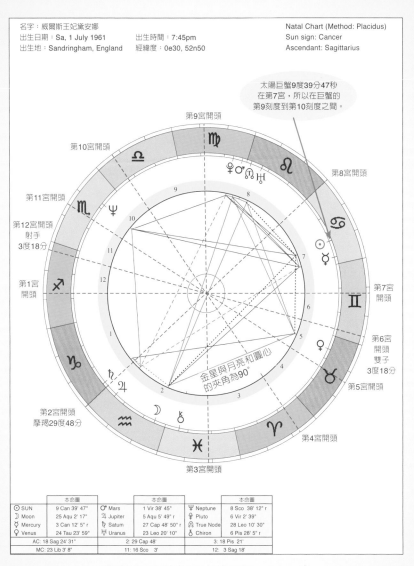

名字：威爾斯王妃黛安娜
出生日期：Sa, 1 July 1961　　出生時間：7:45pm
出生地：Sandringham, England　經緯度：0e30, 52n50

Natal Chart (Method: Placidus)
Sun sign: Cancer
Ascendant: Sagittarius

太陽巨蟹9度39分47秒
在第7宮，所以在巨蟹的
第9刻度到第10刻度之間。

第9宮開頭
第10宮開頭
第11宮開頭
第12宮開頭
射手
3度18分
第1宮
開頭
第2宮開頭
摩羯29度48分
第3宮開頭
第4宮開頭
第5宮開頭
第6宮
開頭
雙子
3度18分
第7宮
開頭
第8宮開頭

金星與月亮和圓心
的夾角為90°

	本命圖			本命圖			本命圖	
⊙ SUN	9 Can 39' 47"		♂ Mars	1 Vir 38' 45"		♆ Neptune	8 Sco 38' 12" r	
☽ Moon	25 Aqu 2' 17"		♃ Jupiter	5 Aqu 5' 49" r		♇ Pluto	6 Vir 2' 39"	
☿ Mercury	3 Can 12' 5" r		♄ Satum	27 Cap 48' 50" r		☊ True Node	28 Leo 10' 30"	
♀ Venus	24 Tau 23' 59"		♅ Uranus	23 Leo 20' 10"		⚷ Chiron	6 Pis 28' 5" r	
AC: 18 Sag 24' 31"			2: 29 Cap 48'			3: 18 Pis 21'		
MC: 23 Lib 3' 8"			11: 16 Sco 3'			12: 3 Sag 18'		

圖表③ 宮位的決定使用Placidus法
黛安娜王妃出生圖（一）

巨蟹座9度39分47秒、月亮（第2宮）水瓶座25度2分17秒……冥王（第8宮）處女座6度2分39秒、北月交（True Node，第8宮）獅子座28度10分30秒、凱龍（Chiron，第2宮）雙魚座6度28分5秒（r 表示Retrograde逆行）。

其中她的水星（巨蟹3度）與太陽（巨蟹9度）有誤差近6度的合相（Conjunction，0度）；天王（獅子23度）與月亮（水瓶25度）有誤差2度的對相（Opposition，180度）；木星（水瓶5度）與海王星（天蠍8度）有誤差3度的四分相（Square，90度）；金星（金牛24度）與土星（摩羯27度）有誤差3度的三分相（Trine，120度）；火星（處女1度）與水星（巨蟹3度）有誤差2度的六分相（Sextile，60度）……其餘類推。

以下行星及星座的符號及名稱的對照圖僅供參考。關於這些符號，相信在許多占星書籍或是相關網路、媒體介紹中，已有經常出現。有時候因為占星軟體的不同，圖案會有一些出入，但大體而言應該極為相似，所以很好辨識。

圖表④ 行星的符號與名稱對照圖

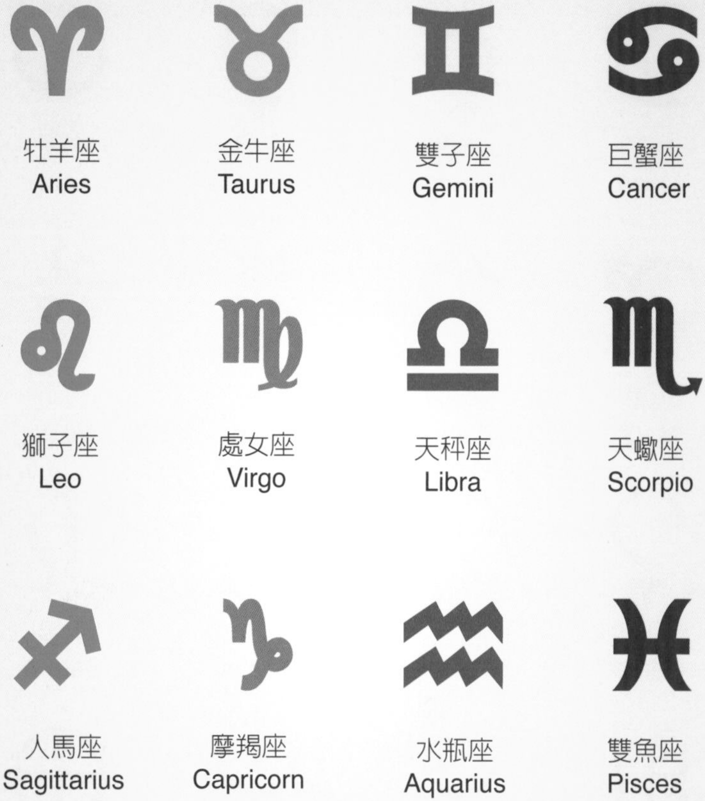

牡羊座 **Aries**	金牛座 **Taurus**	雙子座 **Gemini**	巨蟹座 **Cancer**
獅子座 **Leo**	處女座 **Virgo**	天秤座 **Libra**	天蠍座 **Scorpio**
人馬座 **Sagittarius**	摩羯座 **Capricorn**	水瓶座 **Aquarius**	雙魚座 **Pisces**

圖表⑤ 星座的符號與名稱對照圖

如何觀看一張星盤

首先，根據前面星盤由來的定義，我覺得還是要回歸到觀察者（星盤擁有者）本身，因爲這是依觀察者個人所觀察到的世界，有很多「發生在觀察者身上」的事件，其實是觀察者自己主觀詮釋的結果，而這些結果不等同於事件完整的眞實樣貌。

例如：觀察者來到一座公園，被兒童溜滑梯的可愛模樣所吸引（或是說觀察者只覺得這件事比較有趣），因此他「選擇性地記得兒童玩耍的經過」，至於在同一段時間裡，旁邊的路人如何穿越這個「畫面」、花草樹木是否有朝氣地伸展、有多少麻雀或鴿子飛來飛去、附近學校的鐘聲響、天氣炎熱或陰涼…等等，其他周遭所有同步發生的一切現象，卻完全沒有留下印象。

其次是觀察者本身意識到自己的程度。無論如何，星盤本身所具有的特性都會出現，但如果觀察者對自己的本質理解得越深，其星盤所能發揮的作用力就有機會越強。同理，其所處的環境也會幫助觀察者發揮星盤效力，所以就算是同一個時間

所產生的星盤，也會因為觀察者的身分（例如性別是男或女、是人或動物）、不同的環境（例如所在的經緯度，或是觀察者所處的國家、家庭背景、經濟狀況等等差異），而在星盤的作用程度與手法上有所不同。

接著開始看星盤本身的格局。假如在造句時，把觀察者看成主詞，那麼行星就是動詞，行星所在的星座就是可供動詞發揮特色的素材（進而可被當作形容動作特色的副詞），而宮位就是行星作用(動作發生)的場所。當行星彼此產生了相位，就像機率裡的同時事件，在有相位的行星群之間，當度數較小的一方發揮作用力時，會接著牽動度數相對大的另一方幾乎同一時間發揮作用。行星間度數的誤差值越小，其彼此呼應而起作用的時間也越相近。

除了星座的屬性會影響到行星本質作用力的強弱之外，無論相位好壞，當星盤中的行星彼此的相位越多時，相對也會較單顆星星各自的作用力更強。換言之，沒有相位的星星作用力較小（單顆），2顆以上的星星彼此有相位，作用力比較大。

那麼，什麼叫做「好」相位或是「壞」相位呢？

到後來我覺得，所謂「壞」相位（或「好」相位）只是行星在發揮能量時，彼此是否「抗拒」（或是彼此「接受」）。在某種程度上，相位也可當作修飾動詞的副詞（只是比較像修飾動作順不順暢的那種副詞）。

另外行星間有「好」相位也不等於觀察者就是個「好人」，單從一個盤的好壞是無法判斷觀察者是「好人」或「壞人」的。一個有「壞」相位的「好人」，是有很多機會一直面對困苦的環境而仍選擇辛苦做好事的；反之，一個有「好」相位的「壞人」，也可以是因為享有過去累世的福報，讓他在今生盡情揮霍，輕鬆造盡無數惡業。因此，我遇到的人越多，就越覺得要去定義一個好人或是壞人十分困難。

所謂的好與壞，跟所處的社會價值觀（土星）也有關係，尤其社會的價值觀是隨時間、地點而變的，例如：一個活在現代的東方男人，要如何去理解一個在中古世紀歐洲女人的價值

觀呢？又例如：一個原始部落民族騎馬時的速度感，跟住在先進地區的人搭飛機時的速度感，又是哪一個快呢？

因此，在解盤的時候，最好先跳脫占星術士本身價值觀（土星）的迷思，經由與觀察者互動的過程，把心態調整到與觀察者站在同一立場，才比較有辦法理解屬於這個觀察者的星盤架構（心理狀態）。

一般占星學家在驗證某些星星的特性時，會大量對照許多名人的出生盤，這是類似統計學的概念。例如：音樂家可能有水星和金星的相位；科學家可能有水星和土星、水星和天王星、水星和冥王星的特殊相位；畫家可能有金星和木、土、天、海、冥之中一個或多個外行星的相位。在針對特殊領域研究某些行星的對應關係時，最好有這方面的機構可以提供相關佐證。例如：理解醫療占星學，最好有足夠多筆的病人出生資料與醫療數據；理解著名建築師的設計理念，就把他們的作品、生平、出生資料、行運進行比對……以此類推。

選擇名人，是因為他們有足夠的知名度。雖然不一定容易理解其內心世界，但是某些生平事蹟因為有許多人關注，所以比較難假造假，也比較有跡可循。一開始學習解盤的人也可以考慮以這種方式練習：找一個自己有興趣的名人，最好是已經過世的，關於他的事蹟會比較完整。看他一生的傳記，對照他的出生資料、行運，應該會有不少意想不到的結果。本書後面附上黛安娜王妃及查爾斯王儲的簡易生平，便是基於類似的目的，希望讀者有空時可以先瀏覽一下。

另外，我個人對網路上的解盤功能比較沒有那麼感興趣，因為同一個出生時間可能有二個人以上，而命運的走法不盡相同，除了出生的背景跟選項不同外，是人或是其他物種，也會有不同的結果，所以一個星盤無法同時對二個以上不同的對象做相同的解釋，反而必須透過與對方互動的過程，找出對方的慣性，這是電腦解釋做不到的部份，較類似因材施教或應病予藥。在理查·艾迪蒙（Richard Idemon）的書裡面，提到過跟這個有關的小笑話。他把一筆出生資料用網路上的解盤軟體Run出星盤的解析，結果是：「你會有一大群朋友，並從中成

為領導者，因為第9宮有XX相位的緣故，很適合出國深造，容易有好的學位與成就。」最後Richard公佈說，那是一隻羊的盤。朋友很多應該是沒有問題啦，因為羊是群居動物，也或許可以當羊群裡面的領導者，但是出國深造、學位與成就呢？（後來跟朋友聊到這件事，他們對於出國深造的註解是：「優良冷凍肉品」，或是「Pashmina高級羊毛衫」之類的）

曆法的選擇

　　這是我個人很偶然的發現，雖然正統的占星教學應該是會教導正確的星盤畫法，不過目前有很多學占星的人沒有去一個像歐美一樣正規的占星學院正式上過課，而且現在大部分的人多已使用電腦軟體繪製星盤，沒有自己親自畫過星盤的人，不太能立即體會這樣的落差。

　　有一次想要查詢武則天的星盤，她是我以前讀歷史時很感興趣的一位人物，大學時通識課程的歷史教授也曾為武則天平反某些歷史評價，總之就上網查了，然後發現她和我在合盤上有很多相位，果然都是這樣子的，喜歡看的書的作者，某些引起自己興趣的歷史人物，或是能和自己建立關係的親朋好友，這些林林總總的人物，他們的星盤和自己的星盤總是有不少相位。

　　透過網路查到她的生日。據說是西元624年2月17日。Run了星圖之後發現，占星網站的軟體和自己家買的軟體有時差，古時候的天空似乎不是那麼容易推見，但是參照一些史實之後發現，占星網站的軟體所Run出來的時間似乎比較貼切，

後來問了軟體公司，他們的解釋是因為選擇的星曆不同，以致於天空的星星處於不同的位置，目前所知有儒略曆（Julian Calendar）和格里曆（Gregorian Calendar）兩種，在不同時期似乎適用不同的星曆。

我要說的是：或許因為那個時期的觀測儀器及技術不甚發達，在一些微小的誤差累積之下，等到要回溯當初的星體現象時，是有可能發生幾天、甚至一、兩週以上的「時差」的。至於要選哪一個星曆作為星盤的依據，還真的得憑經驗，有時候光是農曆轉換成西曆就可能因為閏月或閏日而產生誤差，甚至那個古早的名人生日是否被偽造，或是時間綿長使得流傳上有失誤導致後來眾說紛紜等等，都是必須審慎考量的。因此要選擇名人星盤之前，最好也先想清楚自身的功力如何，在還不是很確定之時，建議找出生日期在近代一點的名人，或許西元1900年以後出生的，感覺會比較踏實一點。

第三講

十二大行星的運行與作用

本講開始要讓大家認識占星學裡造句──解盤所需的「原形動詞」或戲劇中的「演員」──行星,在最原始的狀況下,祂們各自代表的動能、基本作用,以及象徵性意義。

如果要我寫出像字典一般的定義，我比較願意花功夫在十大行星上。天上這麼多星星，就算是黃道帶上，也不乏許多尚未被發現及證明其作用的小行星，它們一定也有自己特定的影響力，然而為何單單選這十顆呢？就是紫微斗數也會探討除了十四顆主星之外的其他次要或更小的星星。但是我認為以初學者來說，這十顆行星已經有相當多資料足以證明它們明確的特色和影響力；光這十顆就已經牽動目前我們周遭所能接觸的絕大部分現象；以人體而言，這十顆星星也主導著絕大多數身體的運作。因此，為了避免學習上的混淆，先熟練解讀這十顆星星在不同星座及宮位上彼此間的交互作用，若有餘力，想要研究其他的小行星，可依興趣再逐一加入凱龍星（Chiron）、婚神星（Juno）、谷神星（又作穀神星，Ceres）、灶神星（Vesta）、智神星（Pallas）……等。

早期便有十二個星座依屬性各擁有一個守護星的說法，雖然當時比較沒有光害且顯然那些天文學家的視力很好，可是因為中古世紀並未有良好的星象觀測儀器，以至於外行星如天、海、冥的部分比較不易觀察到，除了以太陽任獅子座、月亮任巨蟹座的守護星之外，其他星座會與別的星座共用守護星：以水星兼任雙子座和處女座、金星兼任金牛座和天秤座、火星兼

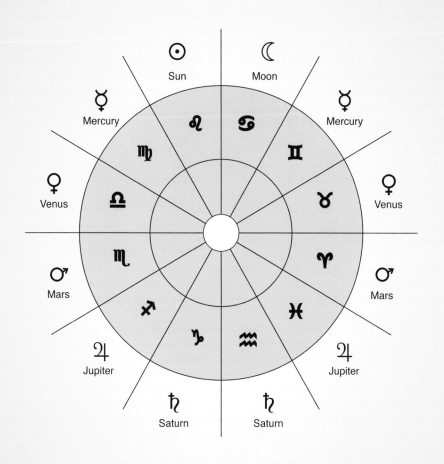

圖表⑥　古代十二星座對應的十二個守護星

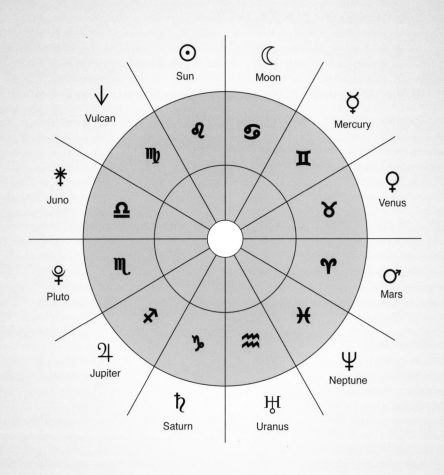

圖表⑦ 現代十二星座對應的十二個守護星

任天蠍座和牡羊座、木星兼任人馬座和雙魚座，甚至土星兼任摩羯座和水瓶座，但其實有點牽強。

　　另一個和十大行星有關且很早便有的說法，是人的週期。從處胎到出生後尚未學會言語表達，是月亮時期，接著是牙牙學語的水星時期、展現意志的太陽時期，然後是青春的金星時期、性衝動的火星時期再回歸並重複週期。這部份可以參考一些專人著作。

　　據中南美洲古馬雅民族（顯然有神助）的觀測及推算，在天體的九大行星之中，依萬有引力的概念，彼此的軌道間距是有某種規律的函數關係，因此他們發現在某幾個行星軌道之間，原本應該有其他行星存在過，卻因為古時候的行星爆炸等因素而消失了。因此近代科學好不容易找到相對應的十顆行星，剩餘兩顆未知的守護星（處女座及天秤座）應該也有機會在不久的將來被證明出來。這部分我想根據後面第九講的神話故事，推論並介紹祝融星（火神星，Vulcan）、婚神星（Juno），來作這一講的結尾。

太陽(Sun)

　　太陽是我們這個星系中唯一的恆星，然而，在占星學的認知中，我們是以地球為中心來觀察的，因此太陽變成一顆繞著地球轉的行星，和其他星星最大的不同在於：太陽是不逆行的（這是由於在真實狀況中，所有太陽系的星星都繞太陽公轉的緣故，連地球也不例外。但是就地球的位置來觀察，有些星星會有相對位置上的超前或落後，而被視為順行或逆行），因此以太陽年來看，幾乎每年固定到了某一天，太陽就是會經過某個星座的某個位置。

　　那麼在占星學上，太陽具有什麼樣的意義呢？在某種程度上，太陽是我們從小汲取陽性能量（領導、自主、發光、外顯、給予與照耀）的方式，通常會被視為從父親而來，或是幼年得到陽性能量的來源，其象徵意義是從小到大習慣相處的男性原型，如父親、叔伯兄弟，或是丈夫兒子（因為投射的關

係，觀察者本身是女性時，陽性特質容易透過身邊的重要男性顯現)。若本身為男性，它也表示自己本身的顯性特質，太陽也代表個人有意識的自我展現的方式，一個想讓外人看到的具體自我形象，衍生出來的意義，如：看重的人事物，代表的器官如眼睛和心臟。

一般而言，太陽繞行12星座的週期約略是365天，被視為獅子座的守護星。

月亮（Moon）

　　月亮是最靠近地球的星星，也是地球的衛星，持續繞行並保護地球不受其他小型星體的傷害，所以月亮也是不逆行的。然而，她和地球間的引力，也經常引發潮汐等週期性且微妙的變化。她反射太陽的光，每天有著圓缺的變化，因而衍生出敏感及善變的特質，相對於太陽光的耀眼與熱力，月光是靜謐而柔和的。

　　同理，在占星學上，相對於太陽，月亮是我們從小汲取陰性能量（附著、被動、反光、隱藏、接收與保護）的方式，通常會被視為從母親而來，或是幼年得到陰性能量的來源，象徵意義是從小到大習慣相處的女性原型，如母親、姑姨姐妹，或是妻子女兒（因為投射的關係，觀察者本身是男性時，陰性特質容易透過身邊的重要女性顯現），若本身為女性也表示自己本身的隱性特質，月亮也代表個人心情的滿足、安全感獲得的方式、幼年獲得照顧的方式、飲食及家居習慣等，延伸意義是儲蓄的方式以及家庭，代表的器官如女性的乳房和胃。

　　在此要澄清，月亮的週期應為27天左右。一般總是說月亮的週期大約為29天，其實這是相對於和太陽的互動而來。

　　如果以人所處的地平面為軸心，朝天空觀察，月亮確實繞行黃道12星座一圈的時間，大約是27天，因為太陽是繼續在行進的，以看流日的月亮為例，假設今天月圓，太陽在處女座10度，其對面的月亮的相對位置應是雙魚10度。等過了大約29天，到下一次月圓，太陽已經行走到天秤的8度左右，此時月亮也相對地超越雙魚10度的位置，來到牡羊8度了。所以往回推，月亮曾在雙魚10度的位置大約是在2天以前。也就是說，月亮確實從雙魚10度出發，再回到原點，所需要的時間，大約是29-2=27天。

　　由於月亮的行動特質與巨蟹座的屬性相近，故被認為是巨蟹座的守護星。

水星（Mercury）

　　最嚴格的定義，水星應該是象徵從出發地A點到目的地B點過程中的媒介。根據0和1的概念，藉由所經歷的經驗，奠定出是與非的邏輯架構。超出其思考範圍的部份，主要是因為缺乏經驗可供辨識，這會引起水星式的焦慮。因為到不了目的地B點，會不斷在出發地A點周遭繞行，無法靜止下來。

　　水星是最靠近太陽的內行星，從地球來觀察水星與太陽的距離，以星座度數來計算，前後不會超過24度，因此兩顆行星常常在同一個星座，或是在相鄰的星座。因此有種說法：個人的意志（太陽）經常可以透過言語（水星）表達出來，在某種程度上，就是心不離口，裡面的「不離」，既不是心也不是口。良好的水星在於「連結」意志與文字之間的能力，而不是語言本身（會選擇哪一種「語言特性」則屬星座範圍），這是常常被混淆的。因此無庸置疑地，為了經常在0和1之間抉擇，水星是屬於雙子座的。這點並不符合處女座以不斷改善至完美

的方式精雕細琢的「篩選」，因此處女座必須另覓守護星。相當於水星特質的人體部位有肺、氣管、神經線和四肢（尤其是接近末端的手指、腳趾）。

雖說水星繞行太陽的週期約爲極速的88天，但是透過地球去觀察水星和12星座的關係，就也會被太陽牽著走（因爲是內行星），變成水星若要完整繞完一次12星座的時間，約略要花一個太陽年。

金星（Venus）

　　金星是繼水星之後較靠近太陽的內行星。關於金星的特徵，比較像要去碰觸目的地B點，將感覺透過水星（神經傳導線）回傳，以供太陽做決定，同時由月亮再感覺一次是否符合需求之後存入記憶。因此，以英文來定義金星的感覺比較簡單，就是「Sensual」（感性），相較於此，月亮的感覺就比較「Emotional」（情緒化）。因此金星的特性是比較符合金牛座的，有點被動、希望挑起注意力、注重感官的享樂。而天秤座要的其實是互相搭配的和諧、不突兀的感覺，不一定要很感官式的美麗，因此也仍舊在徵求守護星當中。既然跟美感有關，在人體就很難有確切的象徵，據推測，應該跟荷爾蒙及氣色有很大的關係。

　　金星與火星經常被用來探討戀情中比較屬於荷爾蒙（化學效應）的部分，與太陽月亮的對應關係類似，金星通常被認為

是女性戀愛時展現的樣貌，或是男性（經過投射之後）眼中欣賞的女性類型。

　　至於金星真實繞行太陽的週期也有點複雜，根據古代馬雅民族的觀察，原則上是224天，但是每經過584天，會因為剛好繞行到太陽的背後，而被認為消失8天。就地球來觀察，金星走完黃道一圈，類似水星繞完12星座的概念，所需時間也是大約一個太陽年。因為金星屬於內行星，會被太陽牽動，與太陽的距離是前後48度的誤差，也就是經常在太陽所在星座的前後各兩個（太陽所在星座加前面兩個、後面兩個，共5個）星座之間擺盪。

火星（Mars）

　　既然稱作火星，跟火這個元素的特質當然相近，也有可燃物、助燃物跟燃點。通常火星比較會被形容成獵人（可燃物），當出現可作為獵物的目標（助燃物）時，獵人才會採取行動（燃點），而當獵物落網（燃燒接近尾聲）之後，如果沒有特別的原因（其他相位），獵人便容易對這個獵物失去興趣（熄滅），而轉移到下一個目標上。因此，火星很適合用來觀察執行一項任務時的表現方式。在人體的部分，和肌肉、血的特性也有點相似。通常火星的特性強，體溫也容易有變化。

　　相對於金星，火星通常被認為是男性戀愛時展現的樣貌，或是女性（經過投射之後）眼中欣賞的男性類型。通常火星一旦啟動，非等獵物到手才會善罷甘休，很符合牡羊座的特質，因此被選為牡羊座的守護星。

　　火星是最靠近地球的第一顆外行星，對人體的影響，觀察者本身容易察覺；但本命盤中木星以後的外行星，除非與火星或是內行星有相位，不然容易被觀察者當作外界的一般現象，比較不容易意識到它和自己的關係。

　　從外行星開始，行星對太陽的公轉週期與本身經過12星座所花的時間，基本上就一致了。火星的週期原則上是687天，接近1年又10個半月。

木星（Jupiter）

　　因爲木星本身體積巨大，依萬有引力法則必定很有分量可以吸引大量物體自動靠近。加上從地球觀察到的木星(相較於其他外行星) 移動的速度又很快，因此任何星星或星座遇上木星，流動性高且同一性質被膨脹而成豐富的經驗是不可或缺的。例如：一般人平均一天或許只搭一來一回2趟公車，被木星擴增的結果，可能一天要搭10～20趟公車往返多次。

　　太容易到手，或因爲幸運而得到的東西，木星不懂得珍惜，總是繼續樂觀大膽地以冒險精神追求新鮮事物，常出現的問題是：容易過頭，沒有收斂。相對於牙牙學語、水星式的學習，木星需要一個成冊的完整理論和奉行準則，而與宗教法律、高等教育、出版業沾上邊。在人體的象徵意義是腳，跟手(雙子座) 只在熟悉的周遭摸索比起來，因爲跑得快又遠，而有人馬座冒險的隱喻在內，因此成爲人馬座的守護星。

　　木星的週期是12年，跟中國的十二生肖概念應該頗相近，所以被稱為歲星。經常用來探討為期一年左右的運勢，如XX座2011年整體運勢大解析之類。

土星（Saturn）

容易憂鬱的土星，如年紀大的長者，不覺得人生是美好的，或垂手可得的果實是甜美的，常恐懼世事無常。為了無後顧之憂，總會以符合現實標準的方式，花著有限的力氣，紮實地如沙土般一點一滴逐步累積，直到建構成一個形式保守、堅固耐用又帶點冷硬的堡壘，即使風吹雨打仍屹立不搖。

雖然它比木星樂觀的誇大不實來得持久，但現實的力量強不過天、海、冥，很容易就被天王震垮、被海王腐蝕、被冥王粉碎。在人體裡最接近土星特性的非骨骼莫屬，黃帝內經中描述到關於腎的屬性也很相近，另有一說是皮膚。

通常這些特性與摩羯座畫上等號，所以被認為是摩羯的守護星。土星的週期大約是29年半，通常會從它開始探討人生的許多重要階段。

天王星（Uranus）

若要形容天王星，可以說就像閃電一般，既不知會打在哪裡，也不知何時會落下，不按牌理出牌，又出奇地迅速。如果遇上堅固的水泥塊（土星），便有如地震般，症狀輕者，會造成無法預料的裂痕，嚴重者則根基不存，以致於大樓倒塌或完全剷平，但不至於呈現完全的粉末狀（冥王星）。

既然通電，則泛指一切科技類，或情感淡漠如金屬，或延伸為創新求變，不拘泥於傳統教條，特立獨行自成一個步調，有如跳躍的行進方式。

正相位者表現新穎，較易被目前所處的社會接受，負相位者則易被認為是荒誕不經或稀奇古怪的格格不入者。

天王星的週期是84年，一般被當作掌管水瓶座的守護星（另一說為土星，但似乎較適合摩羯座）。

海王星（Naptune）

如同無意識地在羊水中孕育並包容一切，亦如同夢想般無邊界也沒有既定的形式，隱隱蒸發如空氣或密密凝結如海水的流動方式，看得到摸得著卻抓不住，充斥或瀰漫整個空間—這些描述或許可以約略刻畫出海王星的特質。

你知道它、祂、她、他存在，卻不知它、祂、她、他何時顯現效力；具有傳染性且不可解的神奇作用；似柔弱但又很有耐性地與時間競賽，一種如化學般的侵蝕方式。或可如滴水般穿透了石頭，又或者在完全不耐煩時，如海浪般波濤洶湧地席捲一切，至此方知其力量之可畏。

通常它是難以描述的、非理性的感受，因而稱之為夢幻；因為它是不論如何努力付出皆無法達到的境界，而與美麗的哀愁畫上等號。受苦是其代名詞，與之同悲的特質則呼應到藝術

表現與心靈療癒。負面的作用形成欺騙和幻滅、混亂和無法釐
清。

　　因此，它被視爲雙魚座的守護星。海王星的繞行週期是
164年，通常人的一生很難走完海王星週期的一半以上，和冥
王星一樣，在週期上超過人類目前的平均壽命，個人要完整體
會所有海王星的現象，可說是「不可能的任務」。因此，它與
冥王星的行運，就只能說是「造化弄人」了。

冥王星（Pluto）

　　關於冥王星的特性，簡言之，其真實樣貌必覆蓋在某一層表面下，因而常帶有某種陰影或灰暗特質。不留任何一線生機的全面死亡與埋藏轉化，是其象徵，例如動物屍體因地殼變動被埋藏到地底所轉化成的石油（特質仍屬水象—隱藏於表面下流動的液體，光聞氣味或觀外相就知道不好惹，一旦遇火燃燒，爆發力道驚人，故冥火相位一直是很多占星學家探討的焦點之一），能否得到真相或寶藏，要看就挖掘與組織線索的功力夠不夠深透其心；是否能浴火重生，就要看能夠多誠實、多正面的面對自我。

　　任何星相遇上冥王星，外相或心理上死亡(面臨全盤失去)是必經的過程。因為本質的隱藏及灰暗特性，想要重生也未必能夠成功。星盤中有冥王星相位的人，會因為經年累月面臨失去的恐懼，傾向於隱藏實力或試圖全盤掌控與追求極致，導致孤獨地高高在上，或經常與權力或企業大財團掛鉤。由於經不

起一再重複失去的經驗，必要時可以奮力戰到玉石俱焚的境
界，因而鍛鍊出過人的鬥志與耐力。也因為埋藏的特性，足以
累積巨大的資源或隱瞞深奧的祕密。

　　由於以上種種特質，它獲選為天蠍座的守護星。繞行週期
是248年。

祝融星(火神星，Vulcan)

基本上，這顆行星在我們已知的天文觀察中是不存在的，但是有人提過假說，認爲要符合行星間彼此運行的萬有引力關係，在太陽與水星軌道之間，應該還存有另一顆星，但是可能因爲早年行星爆炸或其他不可考的因素，現在的我們除了神話學之外，無法探知它曾經存在過。

關於它的行星位置，根據貝克（D.Baker）的理論，計算方式有點特別，總是跟水星度數差三度，並且總是介於水星跟太陽之間。如果水星跟太陽的距離在三度之內，則祝融星會被視爲與太陽合相。由威斯頓（L.H.Weston）所提出的另一說，則是與水星沒有如此直接相關，經過特殊公式運算，僅距離太陽前後不超過8度的誤差。

既然名爲祝融星，必定是個非常了解火的屬性的行星，這種火是藉由可燃物數量的控制（例如煤，即可供燃燒的大地物

質，所以在某種程度上屬於土相），並佐以適當的技術或工具設備，以供人有效利用，甚至可說是經過特別算計或運用、為人執行量身訂做的服務，以達到特定目的。例如：充分發揮火的高溫及強弱特性，將金屬成份各自結晶分離、鍛造成精美的首飾或是其他成品，品質從低階的不斷精益求精，到高階的狀態，明白各種尺度與標準，為求有效率地達到目的，不做多餘或無謂的事，容易有各種執行標準的潔癖及緊張。負面時容易呈現無法釋放怒氣或緊張的焦慮、算計、謀略奸詐的特性。

　　因為上述特性，我推論它是處女座的守護星。對應到人體為肝臟。繞行黃道的週期基本上比照水星的模式，約為一個太陽年。

婚神星（Juno）

在火星與木星軌道之間小行星帶的其中一顆，或許這些小行星曾經是同一顆星，由於不可考的爆炸而分裂。

於是其屬性為：經常發現關係中的不和諧而企圖恢復平衡，不想在群眾中顯得突兀而注重外在的觀感，在有一個共同目標必須完成的前提之下，經常確保合作關係之間共有事物的穩固（包括剷除可能破壞合作關係的對象，而被認為善妒或具侵略性，或是企圖以配合、說服或誘導等各種方式喚回合夥人）、在乎權利義務的公平分配。加上因為在神話中經常被強調是木星的妻子，以眾神的皇后自居，即一種雍容華貴、母儀天下的屬性，且具有協助或保護婦女生產的特性，以至於後來常以這顆行星探討與婚姻或合作契約有關的事項。

由此屬性，我推論它是天秤座的守護星。在人體應是主導平衡感的耳朵或聽覺（或許還包含調節體溫的毛細孔。畢竟希臘羅馬的神話學中Juno（婚神星）也是Saturn（土星）的女兒，應該與腎或皮膚息息相關）。繞行太陽的週期大約是4.36年。

第四講

12星座的特性與迷思

在本講要學會如何掌握並釐清星座的特質——就像語言中各式各樣的名詞、代名詞、形容動詞表現方式的副詞或戲劇中的腳本台詞跟服裝道具,星座有不同的能量屬性及特色演變,能幫助行星有更多樣貌的設定和發揮。

　　一般坊間在討論的星座特性，多是以太陽所在的星座為主。我想，人應該不會只被分成十二種，如果那麼好歸類的話，世界上跟人有關的問題應該就只有十二種才對，解決起來應該會相對容易許多。因此，如果再加入月亮的十二個星座、水星的、金星的、火星的、木、土、天、海、冥的，每個人至少都有十顆星星所在不同星座的十二種特性，這樣算起來，人就至少有十二的十次方那麼多種，如果又考慮到宮位、相位、行運等等，複雜度就又提升到無法估計的境界，這樣感覺好像比較合理一點。

　　在這邊我想討論的比較像是12星座彼此間的差異。關於12星座各自基本的特性或是其象徵性意義，以及什麼行星在12星座會有什麼樣的展現方式，建議讀者自行參考坊間可以獲得的資訊，或是閱讀本書後列出的一些著名占星學家的論述。

　　12星座，因為其各自的屬性，而有不同的分類如下：

1. 如同生命般周而復始、週期性的特質：如人的一生，每七~八年左右（參考值）變換一個星座，象徵不同的人生階段：剛出生1~7歲如牡羊座，充滿好奇並勇於探索

剛接觸的未知新世界；8~14歲如金牛座，在個人成長過程中，尋求所有必須的物質與感官欲求的滿足；15~21歲如雙子座，企圖透過各種方式的溝通與學習，迅速補充生活（存）所必須的各種常識；21~28歲如巨蟹座，要確定安身立命（殼、家）的所在，重視傳統、根源、情緒及安全感的滿足；29~35歲如獅子座，自尊自重的光采需要透過一個外在對象的呼應來滿足；36~42歲如處女座，把針對一個目的或對象提供有效率的服務，當作自我認同的指標；43~49歲如天秤座，人生的重點在於透過與他人合作的方式，共同達成自己想要完成的目標；50~56歲如天蠍座，除了更年期的探討之外，個人價值感或感官欲求的滿足，是透過與他人交換取得，並企圖以徹底改造的方式轉換成較高層次精神上的合一；57~63歲如人馬座，以一種達觀的方式，追求生命經歷的學習，甚至不惜遠渡重洋，企圖將之發展成一種信仰體系；64~70歲如摩羯座，以一種憂鬱的長者姿態，面對剩餘有限、年華不再且逐漸困乏的生命處境，凡事汲汲營營，如履薄冰、謹慎計畫行事；71~77歲如水瓶座，自我已逐漸消失，心如止水，「世事」已看淡，僅以一種宏觀的科學態度關注那些還未被重視的人間理

想；78~84歲如雙魚座，面對生命的苦痛與實相，以一種包容式的瞭解與之同悲，不想再計較現實得失，並冀求離世解脫、回歸生命的源頭。

2. 就能量的特性，先分陰陽，再依古時候談論到構成世界的四大元素——風（Air）、水（Water）、土（Earth）、火（Fire）而有下列之分。陽性特質強的是火象跟風象；較屬於陰性特質的是土象跟水象。火的特性很明顯，通常主動而積極，必定有可以感受到的光亮、熱度和燃燒的對象，一旦燃燒的條件（可燃物、助燃物、燃點）不存在，就會熄滅。土的特質是被動而沉穩，具有某種條件式的可塑性，顏色較不鮮明，故不易在一開始就引人注目，也相對地難改變，而固守於特定型態，可以被火燒、被風吹、被水淹，但也可以撲滅火，形成防波堤。除了當擋風牆之外，對風比較沒輒。風沒有特定形狀及顏色，要透過被吹動的物件，才比較容易發現它的存在及強弱，因而不易捉摸或定型，火的溫度可以影響它的活動速度，但它（助燃物）也可以決定火是否要繼續燃燒。水的流動性和形狀是依據容器、風力跟溫度來決定的，如果容器的形狀不固定，就依地勢從高而下，或形

成湖泊、海洋，或依風力的方向產生波紋，或依火的溫度而蒸發成水蒸氣或變成寒冷的冰塊，也可以隔絕空氣將火撲滅。

火象星座	牡羊座（Aries）、獅子座（Leo）、人馬座（Sagittarius）
土象星座	金牛座（Taurus）、處女座（Virgo）、摩羯座（Capricorn）
風象星座	雙子座（Gemini）、天秤座（Libra）、水瓶座（Aquarius）
水象星座	巨蟹座（Cancer）、天蠍座（Scorpio）、雙魚座（Pisces）

3. 針對星座動態的屬性，分為三種，分別是主動星座、固定星座以及變動星座，同一動態的星座彼此是相對180度或相衝的90度。就節氣的特徵，在一年四季當中，主動星座是每一個季節的起始星座，開創出四個季節分明的特性；固定星座是延續主動星座所開發出來的季節特性，將之發展到最強烈的時候，因此有某種難以動搖的特質；變動星座是在季節進入尾聲，準備走到下一個季節之前的過渡時期，雖然主調仍是原來的季節特性，卻

隨時可能有出人意料的改變。

主動星座	牡羊座（春分）、巨蟹座（夏至）、天秤座（秋分）、摩羯座（冬至）
固定星座	金牛座（穀雨）、獅子座（大暑）、天蠍座（霜降）、水瓶座（大寒）
變動星座	雙子座（小滿）、處女座（處暑）、人馬座（小雪）、雙魚座（雨水）

4. 就人際的特質：本質上不太需要與人建立連結的，是著重以自我發展為中心，從牡羊座算起的第一到第四個星座；要透過一個對象才能了解自己需求的是接下來的四個星座；要透過集體互動才能了解自我存在價值的，則是最後四個星座。以太陽為例：在生命早期，年紀輕時比較容易嶄露頭角的，會以太陽在前面的星座為主，因為這些星座的人比較快理解自己要的是什麼；但是相對的，由於不太注意其他人的需求，以及周遭世界的整體現象，一旦在生命中後期受挫，相較於太陽在後面的星座，會比較難東山再起。

自我中心	牡羊座、金牛座、雙子座、巨蟹座
一對一	獅子座、處女座、天秤座、天蠍座
一對多	人馬座、摩羯座、水瓶座、雙魚座

除了和其他行星有無產生相位之外，若想更細微地了解行星本質能量的強弱，可看所守護的星座與所處位置的星座是否為同一元素屬性。例如，天王星被定義是水瓶座的守護星，如果落在同是風象星座的位置，或是同為陽性星座的火象（獅子座除外），因為屬性接近，能量可能較強，但是如果落在與水瓶座同為固定星座的金牛座、獅子座、天蠍座，天王星標新立異的特質可能就相對難以發揮。

以黛安娜的星圖為例：先不考慮相位，單以行星所落星座來看行星的能量，則金星及土星的位置恰好在各自守護的星座，能量最強；海王星在同屬水象的天蠍座，也是能量很強的位置；冥王星（木星）在同屬陰性（陽性）特質的處女座（水瓶座），且沒有與它守護的天蠍座（人馬座）對衝，是次強位置；月亮（太陽、水星、火星）位於陽性（陰性）的水瓶座（巨蟹座、巨蟹座、處女座），與本身的陰性（陽性）相對，算是有點落陷的位置，但沒有與其所守護的巨蟹座（獅子座、雙

子座、牡羊座）對衝，所以不是最難發揮的位置；唯有天王星在獅子座，如前面所述，與它守護的水瓶座正好對衝，是最落陷的位置。這裡所說的「落陷」指的是能量的強弱，但沒有好壞的分別，也有隱射亮度。

不同行星落在同一星座（或是同一顆行星落在不同星座）所擷取的能量特性也不同。

例如：黛安娜的太陽及水星同在巨蟹座，太陽所看重的是殼（家）的議題，容易被母親（巨蟹的守護星是月亮）影響自我，情緒容易受到家庭的傷害，且容易記得情緒的傷口，自我保護性強，對於所屬的殼裡面的家人會很照顧；水星巨蟹則著重在用「記憶情緒」的方式學習，對於人表達內在的話很敏感，很能了解別人的情緒，習慣收集他人的言語，然而因為不擅言詞，所以很少發表意見。

又例如：查爾斯王儲的太陽跟水星同在天蠍座（由冥王星所守護），正好可以跟黛安娜作對照。他的太陽看重的是血緣關係，就算是親密伴侶，也不如有血緣的兄弟來得重要。童年易經歷重要關係的死亡，讓他提早面臨生命中黑暗的威脅以及背叛的痛苦，造成一生中有深層的隱藏特質，骨子裡有強烈的

反抗意志，防禦性重、早熟且（因為過去遭遇到死亡那種無能
為力的失控）有強烈的控制慾；水星天蠍則是能夠聚焦（某種
程度也是侷限）在某一點上面做穿透力強且極深度的思考，但
是比較難同時面對大範圍資料的整理（也就是見樹不見林），
並且很難從腦中抽出來落實成文字，所以做言語表達時用的字
數不多但深刻有力（也可以說是講話很毒，一針見血）。

第五講

12星宮的情境與地運

本講將幫助讀者理解星宮所能創造出來的情境，並約略了知在不同的國度會在情境上產生何種變化，有如造句中會出現的地方副詞或場所，更像戲劇中的場景或舞台，讓行星知道該在何處發揮及動作。

　　另一個常聽到跟占星學有關的比喻是：如果行星是演員，星座是腳本，宮位就是舞台；而相位，就是演員上場時彼此的互動表現。

　　為什麼需要一個舞台呢？這是個很有趣的觀察，因為現實環境造就人的行為。從小到大，想要求生存的本能，在不知不覺中逐漸養成一個習慣：要靠環境過活。從我們所能得知最早的歷史開始，當原始人類到一個完全陌生的新環境，不知該如何生存時，先會確定該地是否安全，可以休憩，肚子餓了就從垂手可得的食物吃起，接著找尋周遭是否有可以延長生存的有利條件：飲食是否無虞、氣候是否合宜等，經過長時間的養成與發展，到後來會被這樣的環境模式給同化，之後每到一個新環境，都會企圖複製同樣的感覺。就像在家庭、社會、文化的教養下充分社會化的人，若要移居新住處，會先考慮各種因素，在有限的條件下找到一個比較符合（過去的習慣所養成）自己需求的合適環境，然後沿用舊模式開始自己的日常生活習慣。

　　宮位有點像將人一生的各個階段，依需求，以12星座的演變順序來形容，因此1到12宮也分別以星座的名字命名。第1宮

被稱作牡羊宮：出生嬰兒的初來乍到（自己居處的情境），進而延伸至第2宮的金牛宮：探尋垂手可得的事物（欲求的情境），接著到第3宮的雙子宮：以反覆溝通的方式理解鄰近區域（基礎學習的情境），第4宮的巨蟹宮：與殼／家庭的互動關係（家庭的情境）、第5宮的獅子宮：透過與一個對象互動的方式展現自我（玩樂的情境），一直到…、第12宮的雙魚宮：回歸生命的源頭（私下獨處的情境），依著不同的情境（舞台），做（演）不同的事（戲）。

基本上宮位的展現，在占星學裡已經被公認為後天的養成人格，人的本質如同行星所在星座以及彼此間形成的相位，在任何國度或情境都不會輕易改變，就像將蔬菜、水果供應給不同國家的人食用一樣，蔬菜還是蔬菜本來的味道，除了保鮮期過後的酸敗以外，水果也不會因為正常運送過程而有酸甜味的改變。會被改變的是，因為當地民情、文化風俗所產生的對於這些蔬菜水果的接受度。因此，為了能夠在銷售上有好成績，或是保存上的方便等，這些蔬菜水果會經過外觀的設計包裝，以符合當地人的喜好與需求。

因此，現實環境之於人的重要性可見一斑。即便到了異

國，入境也需要隨俗，經過了一段時間，人總是會因應環境，於是一旦習慣了與環境的互動方式，宮位的特性就開始啟動。關於地運盤（Relocation）的上升星座會因為經緯度而有所不同，諸位應該就能約略理解了。有異國運的人，要在國外以新的地運盤來看自己的狀況，通常要在當地居住一段時間之後才能起算。每個人適應環境的時間有長有短，一般保守估計，我會說至少要半年以上，才適用地運盤。

不論地運盤或本命盤，在講述星盤特質以及行運時的基本技巧，都是一樣的，只是在不同的情境（宮位）發揮同樣的本質而已，至於情境上的差異為何，還是需要本人才能體會箇中滋味。

在討論宮位時，我比較喜歡使用「情境」來取代「環境」，原因是所謂的情境，不僅是現實的景象，也可以在內心深處被虛構出來，更可能是當初現實的狀況歷經個人心情的調味及篩選過後，失真的「印象」。

寫到這裡突然發現一點，本命盤中這些現實、非現實的舞台是可以並存的，因為在腦袋中，這些場景會迅速地一場接一

場演出；既可以出現在現實中，也可以轉而出現在幻想中。就像『8&1/2』、『艾蜜莉的異想世界』部分電影場景那樣，雖然現實層面也許正在第3宮的自家鄰近區域四處遊蕩，內心卻已飛到第9宮的異國風景或第10宮的社會表現上了。

宮位在很多書籍也都有討論，讀者不妨多做參考，這裡僅概要地簡介占星學裡十二個宮位各自代表的情境，為的只是讓讀者先有一個概念：

第 *1* 宮 (牡羊宮)

　　養成人格必定先有養成的環境，上升星座決定了第1宮的起頭，如同嬰兒剛剪斷臍帶、呱呱墜地時，伸展四肢是出於對陌生環境的充滿好奇。然而這種好奇與探索是為了透過與周遭的互動，來理解自身的處境安全與否、舒適與否、能不能長期安居，並理解自己應該以何種面貌在這樣未知的環境下，開始展現自我特色。

　　因此第1宮（包含上升星座）可以探討一個人剛出生時所接觸的環境特色好壞，以及所受的關注與教養，個人的外表長相（依周遭人的美感定義）與體質的好壞（受環境影響，例如花粉症，或本身對特殊環境因素的過敏等等），並因此決定了這個人將來長成之後（通常指年滿30歲，過完第一個土星的週期，也就是充分社會化以後）與初來乍到不熟悉的環境或人物互動時習慣戴上的面具，這面具包括言談舉止、穿著打扮、互動模式等等。

　　本命星盤第1宮有星星的人，外表特徵容易受到星星的影響，例如金星1宮，會喜歡自己的長相，也會注意打扮來美化自己，所以 (符合周遭價值觀的) 好像比較好看。相對地火星1宮的外型則會好像比較兇悍或是陽剛。

第 2 宮（金牛宮）

　　在摸索周遭的環境之後，習慣上便會接著確定手邊可以獲得的資源。因此，這個宮位經常在探討個人自身的欲求（如感官感覺）之滿足，所延伸出去的財富或是擁有物、對之看重的程度，以及如何運用這些資源的態度與手法。資源可以是很物質的錢財寶貨、房地產，也可以是無形的人脈或是專利等等，端看個人本命以及發展的方式。

　　行星如果在2宮，財富的部分就容易受到影響，例如：木星2宮的錢財必定經常流動，容易覺得錢來得輕鬆且很好花用（例如：黛安娜王妃）；相反的，土星2宮就會覺得自己的錢容易被綁死（例如：定存、投資房產、貸款），或是覺得錢得來不易，經常處於困乏的情境中（例如：查爾斯王儲）。

第3宮（雙子宮）

在確保了周遭的擁有物之後，需求的觸角開始踏出居所（內心自我），藉由各種媒介來到鄰近區域（外界），企圖理解並學習除了自我以外的新知，以辨別其他個體與自己在基本條件上的差異。

這個宮位經常用來看個人與手足（或是父親這邊的親戚）之間的互動關係、情同手足的朋友關係、鄰居之間的相處、透過媒體所做的自我表達（寫作或是傳媒的運用手法）、基礎（常識）教育的學習過程、鄰近區域（泛指經緯度誤差小的城市之間）的交通關係…等等。

行星在3宮，容易對親戚之間或外界溝通產生興趣，像是：月亮在3宮的人，喜歡沒事就去附近亂逛或遊蕩，與手足之間有點母子（女）式的照顧關係，或是自己的母親像姐妹一樣；太陽3宮容易有個在鄰里間出名的兄弟，也會比較在乎跟鄰居的互動關係（也許會想要選里長之類的）。

第 *4* 宮（巨蟹宮）

在充分理解鄰近環境，並評估好自己的居所（內在）在長時間運作下是否順暢合宜之後，才會開始有生根定著的觀念，於是家庭（殼）的概念逐漸形成。

基本上與生根、血緣有關的部分還是以父系為主，在占星學的探討中分為兩大派：一派支持天底IC起頭的第4宮是受母親的影響、天頂MC起頭的第10宮是受父親的影響，這應該是直接從巨蟹的守護星是月亮的聯想而來。而掌管摩羯的土星有時候也象徵父權，故巨蟹座跟巨蟹宮被畫上某種性質的等號，以此類推摩羯座與摩羯宮。另一派則反過來認為第4宮是父親、第10宮是母親，這是因為在家中主導的人通常是父親，同時，剛出生的嬰兒所面對的第一個社會，也常是透過負責照顧他的母親而來。

就現實而言，一般的父系社會中，舉凡家中的重要決策，通常是由父親決定的，再加上我個人過去的一些解盤經驗兩相對照之下，比較認同後面這一派的說法，也就是第4宮象徵父

親、第10宮象徵母親。

　　因此重要的家庭活動、父親這一方的家族狀況如何、與父親之間的互動情形，都可以從第4宮窺見一斑。

　　行星在4宮，容易反映出父親家中的狀況，例如：水星4宮，家中經常會有很多人聚集談論，也容易有很多書堆放（例如：查爾斯王儲）；天王星4宮，父親容易主導經常性的搬家，導致當事人在家鄉沒有定著感，反而常到外地發展。

第 5 宮（獅子宮）

　　有了穩固的內心之家，人便開始試圖藉由另一個外在的人事物展現自我，產生了一對一的關係。也就是說當某些個人特質無法直接以本人展現時，便投射出去，以個人特色發展出一種從零到有的產物，並以此產物象徵自我。第5宮的基本概念是玩，通常延伸意義是創作、戀愛（從戀人身上的特質看到所愛戀的自己）、子女、風險性的投資……等等，像照鏡子一樣，以一個外在的對象反射自我的特質。

　　5宮有星星，容易反映出上述相關事項的樣貌。海王5宮，對於小孩會有一種很渴切的期待，或許源於自己小時候也是被盼望出生的。但是這種盼望有種想得多，但幾乎難以完成的受苦情結，所以將希望投注在通常很有靈性的子女身上去從事藝術工作；冥王5宮，玩樂必定有種意志力的較量，而且非贏不可，在戀情上有一種狂熱且極機密的唯我主義。

第 *6* 宮 (處女宮)

　　這裡仍舊是一對一的關係，概念是對一個對象提供有效率的服務，將體力有目的的付出。因此常以這個宮位探討工作，或是對特定對象付出照顧的關係，延伸來看就是身體局部是否有效運作的健康問題。

　　行星在此宮位，容易產生該行星特性的健康問題或是工作態度，如果是火星6宮，為了工作 (健康) 隨時處於要競爭 (運動) 的狀態，很難靜下來休息，因此工作上容易與同事起爭執，健康上則容易產生運動傷害。金星6宮容易因為工作發生戀情，或是將社交能力發展在工作領域。健康上則容易因為工作上的過多應酬而出問題。

第 *7* 宮（天秤宮）

　　這裡的一對一關係，探討的是彼此因為有共同目標，必須經常性地合作、相處磨合，因此常用來看婚姻關係，或是合夥關係。對應於上升星座AC是第1宮的開頭，下降星座DC就是第7宮的開頭。所有屬於「我」的特質，都歸類於上升星座；不屬於「我」的，通通算是「你」的特質，因此歸類到對面的下降星座。

　　心理學探討的「Shadow」陰影特質，便屬於這個部分。

　　行星落在第7宮，容易反映在夥伴（另一半）關係上，例如：太陽7宮，因為看重伴侶關係，將太陽的自我意識完全投射到對方身上，幾乎就是以對方的意見為意見，因此一開始容易選擇有名、外型耀眼受到矚目的另一半，最後卻因為這有名的伴侶，自己也跟著出了名，甚至是更有名（例如黛安娜王妃）；月亮7宮，伴侶必須有種母性，會照顧和關心、敏感且喜作情緒交流的，通常也會有一種需要彼此連結的黏人特質。

第 8 宮（天蠍宮）

相對於第2宮，這裡仍舊是一對一的方式，透過自我與他人在感覺及資源上的交流，以達到欲求上的滿足。也就是說，自我價值（或者欲求）是透過與他人互動而得，因此常探討與他人共有的財務關係、私密的分享（潛意識的精神分析）、性關係（感覺的分享）、隱藏的價值、死亡……等等。

行星在此宮位，容易強化上述特質，例如：冥王8宮容易與他人在共有的資源上起支配欲的糾紛（例如：黛安娜王妃），也喜歡接觸潛意識方面的精神分析；海王8宮因為容易有性別認同的困擾，在性關係上容易迷亂，錢財也容易（自欺欺人式的）被騙，或是與他人共有的錢財在帳務上一團亂。

第 *9* 宮（人馬宮）

　　相對於第3宮，在基礎常識的學習無法被滿足之後，爲了擴大生命的經驗、發展成更深入的信仰體系，而在第9宮做高等的學習。通常探討與長途旅行有關的異國機緣、宗教或信仰、博碩士的高等教育、哲學式思考、運動、母系的家人或是姻親關係。

　　9宮有星星，會強化深入學習的情境，例如：水星9宮適合發展高等學問的學習，容易有學習和接觸異國文化（例如：外文）的天分與環境；天王9宮嚮往異國具有獨特性、前衛且另類的非主流文化，較傾向非傳統的高等教育體系，容易對哲學、神學、宇宙性的高等學問有興趣。

第 *10* 宮（摩羯宮）

相對於第4宮，第10宮探討的是社會對個人的期待。反過來說，就是自己在社會上想要展現的形象，因此跟個人的事業發展相連結。這個形象跟第1宮的形象有何差別？例如水星，在第1宮可能看起來很愛講話，但不見得每個人都認識他，但在第10宮，可能是個「眾所周知」的作家身分。其他的則如前面第4宮所述，探討的是與母親的關係。

行星在第10宮，容易反應在個人的社會成就，例如木星10宮容易在所涉足的領域中名利雙收，也容易遇到豐富他社會經驗的貴人；土星10宮相較於木星，要功成名就得付出許多努力，並不覺得社會（母親）具有可以提供愛的能力，因而有種冷漠的形象，在社會上希望得到符合傳統定義的價值認同。

第 *11* 宮（水瓶宮）

　　相對於第5宮純屬個人的興趣創作，第11宮比較像是依共同理想或共同興趣組成的非營利團體。以相同興趣的對象爲根據，彼此交流所學、研究或收藏來引發共鳴，並經常舉行活動，具有相當強的社交性質，但是與世俗的權力或金錢利益較無關係。例如：基金會或是協會、同好會、扶輪社、（某某明星的）影友會或歌友會、社團……等等。

　　若有行星在11宮，必定經常與群眾活動產生關聯，例如：水星11宮會經常參與知性活動，並發表很多與社會遠景有關的言論；天王11宮容易結交到行徑特異的朋友、有反傳統式的社交經驗，並容易加入由特殊觀念而組成的團體，有烏托邦式的想法。

第 *12* 宮（雙魚宮）

　　如果說上升點是剛出生時臍帶剪斷的那一刻，那麼，在上升點之前的那一段關於第12宮的描述：一種「還在私底下蘊釀中」、「尚未準備好出來」的混沌（chaos）狀態，則相當適合形容嬰兒仍舊在母親懷胎時的狀態。

　　這部分尚有足夠的機會或數據可以透過詢問父母（尤其是母親），或是其他長輩關於自己未出生前的家庭狀況以茲證明。通常可以用第12宮推測母親懷孕時，面對胎兒的心情。這些情緒會滋養胎兒，形成他在出生及長大成人後，私底下（在非公開場合）的運作狀態。

　　有不少占星學家都相信，第12宮跟輪迴前世很有關係，包括嬰兒處胎時的感受與意識的植入等相關論說，在在與「佛說入胎經」相呼應。這部分或許可以透過催眠、冥想、禪定⋯⋯等方式去回溯了解，但是最好有「真正的專業人士」從旁指導。如果自己沒有能力判斷對方是否「真正專業」，建議最好不要輕易嘗試。尤其是本命或行運時，第12宮有行星負面相位的人，更應小心注意，畢竟身體是自己的，應該要有清醒的自

主意識，不要將自己的身體或意識隨便交給他人處置。

　　行星入12宮，會反映出不為人知的一面；如果太陽在12宮，會難以坦然在眾人面前展現自己，容易躲藏、逃避外人（群眾）的注目，但私下和熟人相處時，仍舊像太陽的樣子；至於月亮12宮，或許是因為母親懷胎的過程中情緒不穩，因此容易有情緒困擾。且因為不懂得迴避人群，容易在不知不覺中像海綿般，吸收他人的情緒卻不知如何處理。

宮位彼此間的關聯

一般我們在解盤時，會有一些習慣，以幫助自己迅速進入狀況，作法和紫微斗數運用的概念相近，例如：

1. 三方四正的關係：以宮位來解讀時，會以宮位屬性同時看彼此相助（三方會合）或是相衝（四正對衝）的宮位，所以常常是1、5、9宮（或2、6、10宮；3、7、11宮；4、8、12宮）三方一起看，或是1、4、7、10宮（或2、5、8、11宮；3、6、9、12宮）四正一起看。

2. 人際關係的看法：類似位移的概念。配偶的關係通常看第7宮，所以當事人父親的配偶（母親）就會將當事人的第4宮當作他父親的第1宮，然後逆時針推算到相對位置的第7宮，也就是當事人的第10宮。當事人配偶的兄弟姐妹，就會以當事人的第7宮當作配偶的第1宮，然後逆時針推算到相對位置的第3宮，也就是當事人的第9宮。事實上宮位特質也很相符，因為是當事人的遠房親戚。

3. 用同樣是位移的概念來看當事人的特定宮位，例如：討論工作關係時，或許把第6宮看成當事人的第1宮，其他宮位就跟著位移，於是原本第7宮合夥人的位置就變成了工作關係時的第2宮，較常被討論成自身財庫的宮位。而自身的工作表現成果，也就會從原先第10宮（後來位移變成第5宮）的社會表現來看了。很妙的是，有討論到精神領袖跟信徒之間關係的第9宮（位移成第4宮），便很像主管與屬下，一種父權式的、父親與子（女）之間的關係。讀者可以練習依此類推去看其他事項。

宮位與風水的關係

　　本書第二講談星盤的由來時，已經約略講述過星宮如何形成，也提過出生時間的精確度或是出生地的經緯度均會影響上升點的位置，進而使得12個宮位的範圍因此改變。在出生時間的影響因素排除之後，由於宮位與地運（環境）密不可分，引發我對於宮位與居家風水之間的聯想。在一次很偶然的巧合之下，我開始實驗宮位與居家風水的呼應關係，結果發現確實是有關的。這個部分，如果是獨居的單身貴族會比較容易有感覺，或是，至少在家中自己擁有一個獨立房間的人，比較有機會察覺這樣的變化關係。

　　以下的圖表是以一個四方格局的住處去做的分區，如果自己的住家不是方正的形狀，那就請依星圖逆時針的順位以恰當的比例去區分相對位置。

　　那麼，該如何定義第1宮的起始位置呢？如果是自己睡覺的房間，就以自己睡覺時頭部所向的床頭（靠牆）位置作為第1宮的開頭。如果要看家中所有房間的對應關係，則要以地理的

	南		
第11宮	第10宮	第9宮	第8宮
第12宮			第7宮
第1宮	個人的住家或房間		第6宮
第2宮	第3宮	第4宮	第5宮
	北		

東　　　　　　　　　　　　　　　　　　　　　　西

東南西北方位去對應自己的命盤，以相對位置靠近東邊的房間作爲第1宮，然後依逆時針方向分配其他宮位的房間或空間位置。

　　基本上既然要討論風水，就是一個人與環境有互動的關

係。將自己的居處定位好之後，馬上可以看的是所擺放的物品與星盤中宮位之間的對應關係。通常會發現彼此特質相符，甚至擺放的感覺也會與相位有點呼應。身體對環境夠敏感的人，家中如果管線不通，自己也會有不通暢的感覺；電燈不亮或是會閃，也會影響運勢，產生較屬於溝通不良的事項。

如果做了一些擺設的移動，接著就可以看自己所受到影響。最明顯的是：在第1宮的位置擺放新鮮花朵，自己在外面給人的感覺會比較討喜，間接增加了人緣。在第6宮擺放成堆的東西，在公司可能就會有做不完的工作，或是要花費很多體力做照顧、服務他人的事情。依此類推。

再者，如果自家面積夠大，可以試著玩個人房間與自家其他不同空間彼此宮位關係的疊疊樂。比方說：自己的房間在家中可能是在命盤相對位置的第12宮，那麼，回到家就可能傾向於躲在自己的房間裡獨處；若廚房在自家對應本命盤的第10宮，那麼，自己在事業發展上的對外形象，就會受到廚房整潔

及美觀與否等影響。想要藉此改善運勢的人，建議可以自己實驗看看，我覺得相當有趣。但是目前關於數據的收集還不足，無法有系統地發表定論。

第六講

行星的相位與格局

當人針對特定屬性的人事物養成了特定的反應，如同行星運作開始產生某些固定的模式，接著像統計學在收集到一定的樣本資料之後，我們便開始討論這些相似模式的架構及共通性，也就是這一講將要講述的——「行星的相位與格局」。

行星的相位

　　如果本命的行星彼此在運作上有先後的呼應關係，在長期行運之下，觀察者會針對某些情境養成特定的反應模式，這就是行星彼此間形成了相位。

　　相位的計算是依不同行星所在的星座刻度，兩者相減所得的角度距離。例如：黛安娜王妃的金星（金牛24度）跟土星（摩羯27度）可以依順時針判讀爲有誤差3度的三分相（Trine，120度），也可依逆時針判讀爲240度。除非要對某些特定行星（例如：凱龍星）做進一步的討論，否則一般我們習慣選擇兩者中數字較小的120度。

　　在占星學裡運用的角度有很多種，可以是30度的倍數，也可以是45度的倍數，更可以是72度的倍數，只要你知道如何解讀。但是對初學者而言，這樣很繁瑣且容易混淆，加上本命或是行運中比較重要的事件通常會先觀察下述四種角度：0度合相、90度四分相（衝突相）、120度三分相（和諧相）、180度對相（緊張相），故在本書中，先以討論這幾種相位爲主，頂多再加上一個60度六分相（次和諧相）。

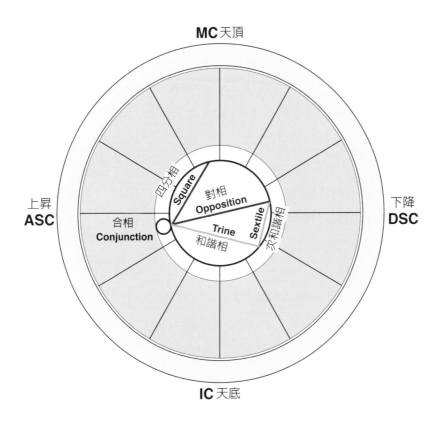

相位 Aspect

（托勒密相位Ptolemy Aspect）

圖表⑧ 相位參考圖

　　相位的誤差值反映出行星間互動的速度（時間差），依不同的相位，有不同的容許度（容許的誤差值）。相位的誤差值越小，表示時間差越小，行星間彼此互動的反應速度越快，相位越「正」。一般常說的「正正」相位，表示誤差值為零度。超過容許度的相位，仍舊對觀察者有影響，只是因為相位不夠正，被認為彼此相關的感覺較小，因為有時間空隙可以讓觀察者猶豫，通常會被歸類到潛在的心理層面，也比較不容易產生所謂的立即事件。

1. **0度（Conjunction）**：當一顆行星發揮作用時，另一顆行星接著的作用會與之共振，彼此強化各自原本的作用力。強化的效果不是一加一的力量，可能是相乘或是多倍數以上。

2. **90度（Square）**：當一顆行星發揮作用時，另一顆行星的作用方式是與之互相耗損，如同成語「事倍功半」的描述，導致作用力彼此衝突然後抵消，花了很多力氣但成效不彰。

3. **120度（Trine）**：當一顆行星發揮作用時，另一顆行星很自然地形成助力，類似「相輔相成」，和諧地呼應。

4. **180度（Opposition）**：當一顆行星發揮作用時，另一顆行星會往相反方向發展，令作用力擺盪在兩者之間，有「各據山頭」的對抗意味。各自的力量發揮到極致是顯而易見。

5. **60度（Sextile）**：當一顆行星發揮作用時，另一顆行星也發揮協同作用，但呼應及幫助的效果沒有120度來得顯著。

行星的格局

複合式的相位會有一些特殊的圖形出現，此時也有一些相關的論述如下：

1. **大三角（Grand Trine）**：至少有三顆行星彼此兩兩形成120度，成為一個接近正三角形的關係。行星在運作時，因為彼此互助合作極為順暢，太容易「自我感覺良好」，就算運作當中有任何問題，也會被視而不見、覺得不重要，或與自己無關。

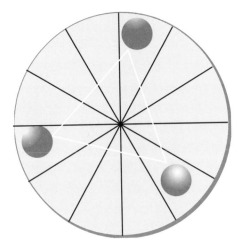

圖表⑨　大三角

2. **風箏 (The Kite)**：大三角的相位，外加一顆星星與大
   三角的其中一顆形成180度，但與大三角其他剩餘的兩
   顆星星各自形成60度的關係。形成兩兩60度的位置常是
   問題癥結所在，因爲是有阻力的位置，且所獲得的助力
   較薄弱。

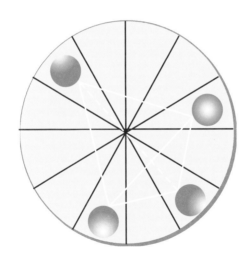

圖表⑩　風箏

3. 大十字 (Grand Cross)：四顆星星各自在四正的位置，如十字架的圖形，任一顆星星與其中一顆成180度，與剩餘兩顆相對的星星各成90度。問題的引動，要看哪個行星的度數在行運時先產生相位，然後按引動的度數依序去看接下來是彼此對抗 (180度) 還是內耗 (90度)。花費力氣是必然的，通常這樣的相位很難不同時牽扯到內外行星 (以機率來說，太、水、金至少會有一顆；月亮或火星至少一顆；木、土、天、海、冥會有一顆到兩顆以上)，算是相當辛苦的位置。

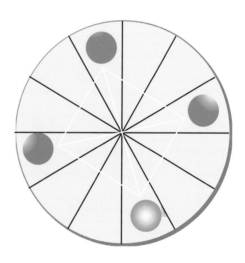

圖表⑪　大十字

4. **T字 (T-Cross)**：有三顆星星，其中二顆成180度，第
三顆星星則與這兩顆相對的星星各成90度。它與大十字
的作用有些相近，只是能量運作上相對輕鬆點。一般會
覺得比較辛苦的是第三顆星星 (各呈現90度) 的位置。

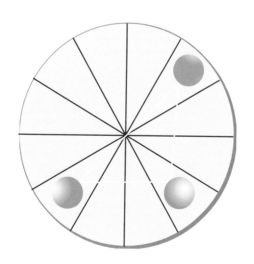

圖表⑫ T字

5. **上帝之指（The Yod）**：至少有三顆星星，其中一顆與
   另外兩顆同時呈現150度，所以那「另外兩顆」彼此是
   60度的關係。問題常集中在處於尖銳焦點（各150度的）
   星星位置。

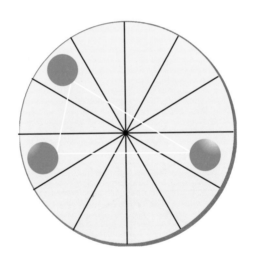

圖表⑬　上帝之指

6. **星群（Stellium）**：太陽、水星、金星，因爲位置本來
就容易靠近，所以算在同一組，除了它們之外，至少還
有其他兩顆或三顆以上的星星，彼此很靠近地集中在同
一個星座或是同一個宮位。這樣的行星匯集現象，我們
稱之爲星群，表示彼此合相的機會大，各自依序作用的
結果，是強化力量在同一焦點上，容易在行運中造成大
起大落的現象。

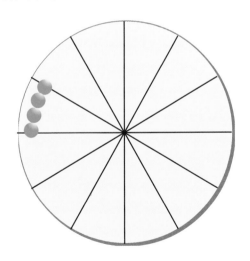

圖表⑭ 星群

相位的討論

我們舉幾個常見的行星相位來討論，作為解盤練習（沒有舉例的部分，請讀者自行參考專人著作）：

1. **太陽與月亮**：這個相位最常被用來討論觀察者剛出生時父母日常的相處關係。依度數的先後，決定行星動能作用的先後。假設太陽月亮有90度的關係，而月亮度數較小，表示在觀察者出生時，父母經常處於意見不合、但不是要分手的狀態。因為月亮度數在前面，表示是母親這一方先挑起爭端，接著父親也跟著站穩立場，雙方便陷入僵局。

   這個相位在過了戀愛的階段之後，很容易被觀察者套用到結婚後的伴侶關係。通常兩人也會高頻率地陷入如觀察者父母的僵局，至少觀察者本身會經常陷入矛盾，然後拖另一半下水。這時作為伴侶的另一方，常常有著相對應的相位（例如：對方的內行星，主要是太陽或月亮，跟觀察者的太陽或月亮有一個不太妙的角度，形

成了合盤中的大十字或是T字），在行運的日積月累之下，兩人容易變成怨偶，或是個性不合的狀態。

或許日後觀察者的父母並沒有分手，反而因為磨合而更水乳交融，若此時誕生了另一位觀察者的弟弟或妹妹，這位弟弟（妹妹）的圖可能因此有一個太陽月亮的60度、120度或0度，或是父母分手前不久，觀察者的弟弟或妹妹才出生，則這位弟弟（妹妹）的圖可能會變成有一個太陽月亮的180度。

2. **月亮與水星**：這部分不論男女，主要都在探討與母親在「情緒的抒發」與「言語表達」之間的互動順暢與否。有時延伸至日常生活的家居習慣、飲食習慣、睡眠品質……等等。月亮在前，表示安全感的需求先出現，然後試圖以水星去做判斷或理解；反之，水星在前，則是先做了言語表達之後，才得到情緒上的回應。

3. **月亮與金星**：這部分對女性而言，常是母女之間。母親
   面對女兒的女性魅力產生不自覺的（女兒或是情敵）矛
   盾，延伸成對父親的愛情爭奪戰、麵包與愛情、安全感
   與享樂之間的討論。對男性而言，則常是母子間是否有
   如戀人般的關係，或是伴侶（母親形象的延伸）與戀愛
   對象之間異同的討論。（可以依此類推，練習探討太陽
   與火星）

4. **金星與火星**：這部分常用於討論觀察者出生時，父母床
   第之間是否性愛協調，延伸為觀察者在面對欣賞的異性
   時，如何運用本身的魅力（荷爾蒙）來吸引（金星）或
   是追求（火星）對方。

第七講

個人行運與合盤

同樣是在探討另一個時間點的星
盤與個人星盤彼此交疊的關係，
但一個是事件與主角之間的探討
〔行運〕，一個是他人與主角的
互動關係〔合盤〕，對於「流
年」或「合八字」有興趣的人，
必須多注意這一講！

一般行運受到大多數人的青睞，是因為可以預知未來，也是很多人找「算命師」想要知道的事。但如果自己的未來可以被預測，表示自己仍照著本命的秩序過活、受著命運的擺弄。在沒有能耐跳脫之前，確實也只好認分，多多理解過去自己或他人相似的經驗，藉由這些反覆的經歷，去推測接下來因為自己的慣性，而會出現的情境。

所以在談論行運之前，建議讀者先回想自己過去的歷史，做一張年表，同時為了充分體會許多內行星的週期現象，最好開始寫日記，一種關於每天做了什麼事的「條列式重點紀錄」，或是自己當天起心動念想要做的事（不管有沒有實現）；心情的部分倒是可以省略（因為在回憶的過程中，心情就會自動被叫喚出來）。每天記一點，用類似活動或是行事曆的方式。

記錄了一段時間之後，會發現每年到某些特定日子的前後，總是會發生一些性質相近的事件，引發自己類似的心境，這通常是太陽行運的影響。或者大約以26~27天為一個週期，每隔一小段日子，自己心情上的起伏會有一定的變化，這部分通常是月亮行運的影響。只要透過這些練習，讓自己對於自身

的狀況越來越敏銳，還可以依此類推，看其他行星的作用。

　　行運概念主要分為Transit跟Progressed兩種，一種是以時間的「運行」（Transit）來看事件對當事人心理及外在的影響，一種是以當事人本身的「質變」（Progressed）來探討個人的走向。Progressed的方式比較像大方向的預測，但是不容易探討事件的樣貌，所以對於一般喜歡探討事件的人，還是以Transit為主。

　　接著，我們可以開始練習將事件發生當時的星盤列印出來。若不列印也可以，使用占星網站上「Extended Chart Selection」（進一步的延伸選項）頁面，在「type of chart」（星盤種類）中，有一個是「natal chart and transits」（本命盤和行運）的選項，選擇當事人的星盤並鍵入事件發生的日期（行運的部分，占星網站只提供日期當天零時零分的資料，無法精準到其他時刻的幾點幾分），按下「Click here to show the chart」（按這裡顯示命盤）即可。

　　圖⑮是黛安娜王妃車禍當天，接近過世時間點的本命及行運星盤。內圈的行星是黛安娜王妃的本命盤，前面已經約略講

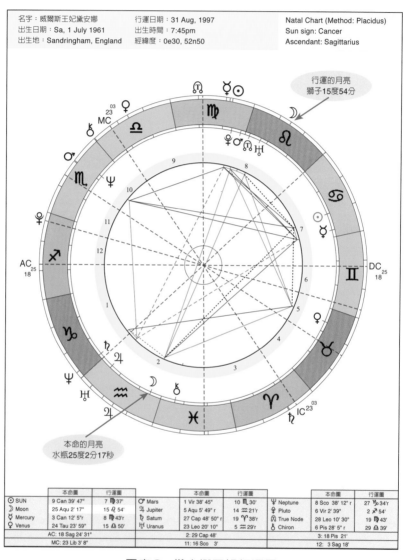

名字：威爾斯王妃黛安娜
出生日期：Sa, 1 July 1961
出生地：Sandringham, England

行運日期：31 Aug, 1997
出生時間：7:45pm
經緯度：0e30, 52n50

Natal Chart (Method: Placidus)
Sun sign: Cancer
Ascendant: Sagittarius

行運的月亮
獅子15度54分

本命的月亮
水瓶25度2分17秒

	本命圖	行運圖		本命圖	行運圖		本命圖	行運圖
☉ SUN	9 Can 39' 47"	7 ♍ 37"	♂ Mars	1 Vir 38' 45"	10 ♏ 30'	♆ Neptune	8 Sco 38' 12" r	27 ♑ 34"r
☽ Moon	25 Aqu 2' 17"	15 ♌ 54'	♃ Jupiter	5 Aqu 5' 49" r	14 ♒ 21'r	♇ Pluto	6 Vir 2' 39"	2 ♐ 54'
☿ Mercury	3 Can 12' 5"r	8 ♍ 43'r	♄ Saturn	27 Cap 48' 50" r	19 ♈ 38'r	☊ True Node	28 Leo 10' 30"	19 ♍ 43'r
♀ Venus	24 Tau 23' 59"	15 ♎ 50'	♅ Uranus	23 Leo 20' 10"	5 ♒ 29'r	⚷ Chiron	6 Pis 25' 6" r	29 ♎ 39'
AC: 18 Sag 24' 31"			2: 29 Cap 48'			3: 18 Pis 21'		
MC: 23 Lib 3' 8"			11: 16 Sco 3'			12: 3 Sag 18'		

圖表⑮ 黛安娜王妃行運圖

述過符號的判讀方法。重點在於外圈也有相同的行星符號，卻不在同一個星座（宮位）位置。因為外圈的星星就是車禍當天星星的位置。會選擇這個圖，是因為它的時間在凌晨接近十二點，月亮的位置比較沒有誤差。如果發生的時間不在凌晨接近十二點的話，要自己練習推算月亮的度數。大約每兩個小時月亮會前進一度。要求更精準的人，可以先用發生時間當作本命盤Run出來，讓自己看了有個概念，再使用網站上的這個行運功能。

接下來，我們以本圖為例，做以下關於Transit的介紹。

行運的行星進入本命的宮位

在星盤左下角的對照表中，有標示黛安娜王妃本命盤（Natal）行星的位置，以及車禍當天Transit的行星位置。因此，用之前講解過的判讀方式來看外圈的星星：當天太陽在處女的7度37分，在她本命盤的第8宮；月亮在獅子的15度54分；水星在處女的8度43分（逆行）也是進入第8宮。同理，金星在第9宮；火星及凱龍星在第10宮；木星及天王在第2宮；土星在第3宮（快要進入第4宮）；海王在第1宮（快要進入第2宮）；冥王在第11宮（快要進入第12宮）。

基本上，行星會依時間的順序繼續運行，所以在黛安娜王妃的星盤中，太陽還是會繼續往第9宮（處女~天秤）、第10宮（天秤~天蠍）等，一直循環地走下去，月亮、水星、天、海、冥等也是如此。如果固定本命盤的位置，便會覺得行運的行星一直繞著星盤轉圈。

行星每進入一個宮位，便會增強宮位情境的氛圍，但不一定有具體的事件。如何增強要看行星的特性；增強在哪一種項

目上，則要看所座落的星座。

　　例如：月亮本身會引發情緒、安全感或飲食交流的需求，進入第1宮時，容易透過月亮的特質，去與當事者個人處境有關的事項產生互動，或是透過一些月亮的活動，讓當事人充分感受到自我的存在。

　　如果行運月亮進入第1宮時落在天秤座，則可能是在一起吃吃喝喝當中，和當事者討論與某人之間的相處關係。如果沒有行運的相位，可能是當事者手邊就有一堆食物（也不用刻意準備），使當事者一整天都在想透過飲食來滿足自己的心情。

　　若有特定事件發生，基本上與相位的形成脫不了關係。像是在第1宮這兩天，很容易有人（因為月亮的緣故，通常會是女性）來找當事人吃飯，藉以交流心事等。所以我們接著要看關於相位的部分。

行運的行星與本命的行星形成相位

因為本命的行星基本上屬於當事人能量的運作方式，不再移動，所以我們習慣看仍舊在移動（行運）的行星與本命的行星形成什麼特殊角度，以這個角度來看所發生的事件，以及本命行星的動能如何在受到行運影響之後，仍固定地運作。

在行運的部分，對當事人而言，通常有大事件發生時，行運的星星和本命的星星彼此產生的相位一定很多，因為不會只有一個現象或原因。這些繁複的因素交織的結果，便會引發當事人糾葛且複雜的心境，繼而導致重大的轉折（或結論）。

所以如果發生對當事人而言重要的大事件，我們會先看行運外行星產生的主要影響，再看直接引爆這影響的、行運的內行星，同樣是運用兩個星盤重疊，即行運當天的星盤和本命星盤重疊在一起的概念，例如黛安娜王妃的星盤。

我們先看行運的冥王星，它在人馬2度54分，對照之下發現，與她本命的火星處女1度38分45秒有一個（誤差約1度）很正的90度，表示她容易在這個行運中，或許不自覺但身不由己

地，主動接收到暴力的情境，或是遭遇到暴力事件。因爲是90度，有可能自己也成爲施暴者。

　　冥王行運在第11宮接近12宮，所以表象的情境是：在和朋友（11宮）「私下」（包括進入運河隧道，可能和冥王已接近12宮有關）在異國（人馬）聚會的情境下，遭遇到狗仔隊以快車的方式（人馬）追蹤探秘（冥王），導致本命火星（可以是汽車，或黛安娜的「肉身」）因爲緊張（處女）而運作不良（90度），受到強力碰撞的傷害（行運冥王的作用，強化本命火星的力道。因爲是90度，所以強化之後，會導致內在強烈耗損的負面結果--車身全毀、黛安娜的身體受到嚴重外傷），又因爲本命冥王星也在第8宮，因此會引發內心生死交關的情境。

　　她行運的海王星在摩羯27度34分（逆行）與她本命第1宮的土星摩羯27度48分50秒（逆行）有一個誤差0度的合相，因此她本身的骨架（土星）因爲海王星（包括可能因爲酒醉導致的神智不清）的作用，變得支離破碎（且血肉模糊）。同時行運海王星也與她本命第5宮的金星金牛24度23分59秒有一個誤差

3度的和諧相，表示海王星已經先走過摩羯座24度與金星「正正」地形成了「珠胎暗結」，之後在27度或28度時逆行回來，所以她當時已經懷孕的傳言可能是真的。但是因為海王星在當時是逆行的關係，孩子（金星）因此流產不保（海王星式的受難）。

行運的天王星在水瓶5度29分（逆行）與本命的木星水瓶5度5分49秒（逆行）也是很正的合相；同時與本命海王星天蠍8度38分12秒（逆行）也有一個誤差2度的衝突相，依此類推。

後面這些（包括其他讀者自己發現的）相位，請有興趣的讀者依照後面黛安娜王妃的生平，試著練習解盤看看。

這個圖雖然顯示黛安娜的死亡，但是因素頗多，不是簡單的描述就能解決的。所以請讀者千萬謹記：斷人生死並非易事，除非有深厚的解盤功力和經驗，也有幫助當事人用平靜心態面對生死的方法，否則不要輕易去談。當事人或許會因此產生極大的情緒起伏，這不該是占星術士拿來吹噓自身解盤能力

的事情。

　　另外在附錄的部分，黛安娜和查爾斯同時有兩種版本的星
盤，差異在於宮位的區分法。其中一種採用Placidus法，另一
種採用等宮制。讀者可以根據黛安娜的行運，去感覺一下這兩
種區分法的不同。例如：使用Placidus時，黛安娜的土星與木
星在不同宮位，但是使用等宮制時，兩顆行星都在第2宮。我
個人的習慣是選擇Placidus，因為從他們的生平和行運的事件
中，可以看出端倪。

關於行星逆行（Retrograde）

在前面關於行星的討論中，除了太陽和月亮的行運之外，因為是從地球去觀察的緣故，其他星星都有可能相對逆行。

所謂逆行，就是行星原本已經按星座度數的順序行進，卻在某個時候看起來像是往反方向行走，原本所經過的星座度數也跟著減少，然後在另一個時間點看起來恢復原來正常的（按星座度數順序）行走路線。一般而言，這是相對運動的觀察所致，實際上行星還是繼續繞著太陽行走，所以在同一範圍的逆行只會有一次。

關於逆行的討論，通常比較著重在觀察是否會遇到誤差0度的「正正」相位，然後看引發事件幾次。轉折的位置和範圍若不同，可能會遇不到誤差0度的「正正」相位，以致事件僅發生一次；也可能逆行時剛好切到正正度數，轉而順行，而有兩次事件；如果逆行超過原本的相位再順行，則一去、一返、再一去，總共有三次發生事件的可能性。不管哪一種，同一範圍內最多發生三次事件，而且以最後遇到的事件影響最大。

　　一般行星的順行，表示能量的運作正常，相對地，行星的逆行就表示原本的能量受到阻礙，無法順利發出，容易有反覆糾纏難以脫身的狀況。所以累積了一些沒能發出的能量之後，在順行時，會一併發洩出來，產生比原本正常運作下更多的能量，導致事件的影響力加劇。

　　黛安娜王妃的本命星盤有不少逆行的狀況，所以某些行星自身能量的運作容易先遭遇一些阻礙再發出。接著，我們才看這是否使它與其他行星之間的運作協調（相位）。

合盤（Synastry）

　　合盤（配對盤）的部分，主要是看一個人與當事人之間的互動關係，常常被用來看彼此是否容易相處，或是相處時需要注意的事項。關於符號判讀的方式，概念與這裡所指的「Transit Chart」（行運盤）有點接近，只是換成另一個當事人的本命盤而已。

　　在占星網站上，仍舊是進入「Extended Chart Selection」（進一步的延伸選項）頁面，在「type of chart」（星盤種類）中，選擇「Synastry Chart」（配對盤）的選項，輸入當事人的出生資料，以及要看配對關係的Partner（另一位當事人）的出生資料，然後把需要呈現的選項一一勾選，按下「Click here to show the chart」（按這裡顯示星盤）即可。

　　看合盤時，與行運概念接近，也是看彼此的行星落入對方的宮位，以及當事人的行星與對方的行星所產生的相位。接著，要看度數的順序。以行星度數在前面的先作用，再使對方有相位的行星接著作用。

通常彼此關係越深的人，彼此行星配對的相位也越多。一般的熟人如：見面會打招呼的鄰居、同事、不常聯絡的遠親、朋友或同學等等，彼此的合盤至少就有二十幾個相位。如果是好朋友、情人、近親，彼此相位可能有三、四十個，而且多是牽扯到內行星。如果彼此有更深的緣分，可能有五十幾個相位，或是多到難以計數。

生命中會遇到的對象，彼此在行運的牽扯如果能夠持續很多年，就表示緣分很深，通常從彼此本命合盤的相位多寡可以看出來。家族盤的研究，通常是占星學家在看合盤時，終究會比較重視的部份。關於這部分的探討，可以參考愛琳・沙利文（Erin Sullivan）的相關著作，書中有很多不錯的見解。

以下我們仍舊以黛安娜王妃與查爾斯王儲的合盤為例，簡單探討兩人之間的互動關係（圖表⑯）：

因為是以黛安娜王妃為主軸，所以這個盤的12個宮位安排是以她的星盤為順序。內圈是黛安娜本命的行星位置，外圈

名字：威爾斯王妃黛安娜
出生日期：Sa, 1 July 1961　　出生時間：7:45pm
出生地：Sandringham, England　　經緯度：0e30, 52n50

Natal Chart (Method: Placidus)
Sun sign: Cancer
Ascendant: Sagittarius

名字：威爾斯‧查爾斯王子
出生日期：Su, 14 Nov. 1948　　出生時間：9:14pm
出生地：London, England　　經緯度：0w10, 51n30

Natal Chart (Method: Placidus)
Sun sign: Scorpio
Ascendant: Leo

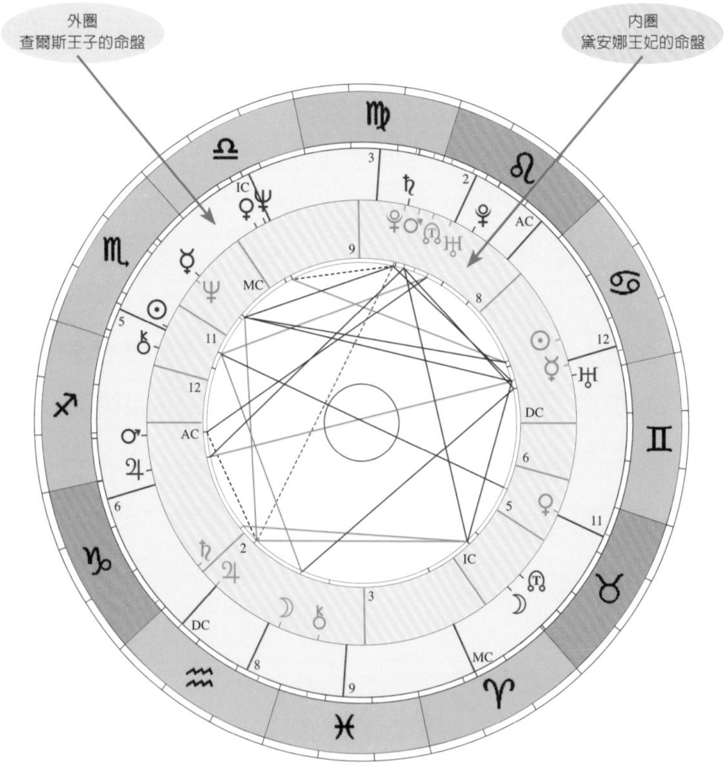

外圈
查爾斯王子的命盤

內圈
黛安娜王妃的命盤

圖表⑯　黛安娜王妃與查爾斯王儲合盤

是查爾斯王儲本命的行星位置，靠近星盤圓心的線條，則是兩人各自的行星與對方行星所產生的相位（關於查爾斯王儲的星盤，請參照本書後面所附的生平簡介）。這種結合兩個不同星盤的形式（BiWheel），也常見於某些占星軟體關於行運盤的探討。

　　舉例來說，查爾斯本命第4宮的太陽落在黛安娜本命第11宮，與她第5宮的金星對相；他第10宮的月亮在她的第4宮，同時與她第8宮的火星、冥王星形成120度，也與她第1宮的土星及第2宮的木星分別呈現90度；他第4宮的水星在她的第10宮，與她本命的海王星合相，且與她第7宮的太陽、水星形成120度；他同樣是第4宮的金星及海王星在她的第9宮，與她第7宮的太陽成90度；他第5宮的火星及木星落在她的第1宮；他第2宮的土星與第1宮的冥王星同時落在她的第8宮；他第11宮的天王星在她的第7宮，與她第2宮的月亮成120度。還有不少相位，可以自己練習找看看。

　　各位讀者從這張合盤看出了哪些現象呢？以下我先針對幾

項重點作分析。

比如：黛安娜王妃總是因為大眾媒體對他們的愛情私密太過關注（本命天王星在第8宮獅子座）而情緒化（月亮），企圖以食物的填充（個人的暴飲暴食，是本命天王月亮180度的相位可能有的狀況）來尋求安定（第2宮），並寄望（第7宮）配偶查爾斯的關心。這時，他的天王星便接著作用，適時地抽身（因為他的天王星與她的月亮成120度），與她的月亮維持若即若離的關係。

他本身第5宮的火星和木星讓他有豐富的戀愛與玩樂經驗，當火星與木星落在她的第1宮時，顯示出她的外在個人特質吸引他不假思索很快地決定與她戀愛。這個現象在討論查爾斯想和黛安娜戀愛的原因，與外貌等外在條件有很大的關係。

但是他第2宮的土星，顯示出對自身資源的匱乏感，與他第1宮冥王星的一種對自己行為舉止的絕對自制，同時落在她的第8宮，導致黛安娜希望與查爾斯分享感覺的部分，遭到查

爾斯的嚴格把關控制（冥王星）和剝奪算計（土星），讓黛安娜
產生一種無法分享的孤絕感。

　　她第1宮的土星讓她因為自身顯現出來的憂鬱（常讓外人看
到她以淚洗面）與受限（皇室的施壓）在前，接著他的情緒或
家庭關係（月亮）就因為與黛安娜的土星有90度的相位而容易
變得不佳。即使後來她在群眾面受到歡迎（本命木星水瓶），
也無法振奮他的心情（她的木星與他的月亮90度）；另外，因
為他本命的月亮在第10宮，他的私生活是完全被暴露在社會面
前，因此當查爾斯的月亮落在她的第4宮時，等於把私生活中
較屬他們家庭生活的部份一併公開在媒體面前；且由於他月亮
的度數在前，所以是先被公開了之後，牽動她第8宮的火星、
冥王星適時地開始發怒，並試圖操控他的私生活（月亮）。

第八講

什麼是心理占星學？

當占星學的發展開始結合心理學而變成心理占星學（Psychic Astrology）時，便是想要透過心理學的研究方法，幫助「重新發現」占星學對於自我覺察的功能及好處。因此本講會簡述心理占星學中幾個較重要的理論概念及應用方式。

　　這部分主要是跟麗茲・格林早年便開始致力於發展心理學與占星學結合的走向有關。後來便壯大形成了倫敦占星學院。

　　至於為何心理學的幾個主要派系當中，榮格學派會成為倫敦占星學派的選擇，除了他的論點概念與占星學的走向較接近之外，一方面是榮格研究占星學，同時他也曾經在低潮期深刻觀察並面對自身的許多憂鬱原貌，他接受神祕學與個人能量昇華與轉化的可能性，對於許多內心世界中的不可解或僵硬的死角，也比較有一個彈性的空間跟包容式的理解，幫助受諮詢的人更自由的表達，也因此讓他的心理分析，有了更恰當的詮釋。

榮格心理學

這裡僅就與占星學有關的部分，粗淺地簡介榮格的心理學理論。

- **一號人格 *v.s.* 二號人格**：這部分主要討論個人為了適應外界環境，經過後天的學習與養成，外顯的自我型態（一號人格），以及個人本質中較無法立即與他人分享的隱藏內在（二號人格）。照字面解釋，一號人格會比較接近上升星座的面具特性，加上一部分的太陽星座特性，屬於自己本身容易意識到，且在某種程度上，刻意展現給外界觀看的行為；二號人格則幾乎可算是月亮星座的代表，形成二號人格的前後關係，連本身也不一定能夠發現或理解。

- **Anima *v.s.* Animus**：這部份探討的是人本身的陰性（Anima）及陽性（Animas）能量特質，以及如何做自我整合。類似太陽與月亮彼此陽剛與陰柔之間的展現，如果本身是陽剛的男性（例如：太陽在火象星座）卻有個極陰柔的月亮（例如：月亮在水象星座），有時會透

過投射出去的對象展現。延伸討論的是上升（自認屬於自己的特質）與下降（自認不屬於自己，因此當作是他人的特質）的關係，所以常以此討論伴侶關係，亦可解釋同性戀的陰陽能量傾向。例如：一個展現陰性能量的男人，若想要補足自己不擅長展現或缺乏的陽性能量，可以依社會標準選擇一個外向陽剛的老婆，或是依自己的喜好選擇一個肌肉強壯、個性強悍的男性伴侶。在某種程度上，這與性別沒有太大關係，只是個人為了彌補自身未能展現的內外在不足罷了。

- **Sychronicity（同時性）**：主要探討做臨床諮詢時，解盤者應具有的臨機應變能力。最重要的是：宇宙中有一些事情，或許是同時存在，彼此關聯且同步發生的，但不是單純的因果關係，有時可以藉由這些現象，選擇彼此幫助解決問題，或是轉化某些癥結。有個臨床例子：當事人在描述自身的狀況（夢見聖甲蟲）時，因為某些困擾，無法接受解盤者的建議（催眠治療）。剛好有些事件同時進行（解盤者拿出金色甲蟲），雖然當事人與沒有直

接的因果關係，卻因為解盤者利用它們做為提示（將金色甲蟲當作聖甲蟲，交到當事人手中），讓兩者產生了關聯，進而幫助當事人突破心防，使困擾迎刃而解。

- **能量的昇華與轉化**：主要針對當時佛洛伊德的理論根據。榮格認為僅有科學實證是不夠的，應該再加上神秘學來彌補不足。他更進一步認為，並非所有行為背後的潛意識都源自於性能量，原慾或許可以用性能量來展現，然而最主要的應是更崇高的心靈能量。人類的宗教、藝術、建築……等各種發展未必是性慾昇華的結果，而應該是心靈能量的轉化。透過轉化的過程，將負面的情緒或想法轉為正面，並導出一個較恰當的結果。

原生家庭

前面關於相位的討論，已經約略提過關係或經驗的複製，常源自於當事人童年時期感受到（或觀察到）的父母相處模式，以及受到家中重要事件的影響。例如：小時候（尤其是剛出生時）經歷過父母不和的人，長大後也經常必須面臨與伴侶不和的情境。經歷過家暴的人，很可能習慣這樣的處境，在成年後容易遇到會對自己家暴（或自己對人施暴）的對象。兒時父母經常相敬如賓的人，找對象時，也會自然認為擇偶條件必須要好相處。親子的相處模式也會反映到當事人與自己子女的相處模式。

原生家庭便是如此影響著當事人，潛移默化的效果超乎想像，甚至是一些收納習慣、與人的應對進退，有時也是由不自覺的模仿而來。我們總是或多或少重複父母走過的道路，進行另一種形式的輪迴：「龍生龍，鳳生鳳，老鼠的兒子會打洞。」

簡單來說在解盤時，透過一些當事人言語中描述出來的、主要對於生長階段（尤其是處胎到剛出生不久的嬰幼兒時期）所經歷的家人相處模式的觀察，或是當時發生一些屬於對當事

人而言的重要事件，導致當事人有某些特定的慣性反應，找出與星盤間呼應的關係，便是心理占星學的由來。

這裡可以探討黛安娜的母親弗朗西斯·尚德·凱德（Frances Shand Kydd）為了愛情不顧自己的已婚身分，更不惜當他人婚姻的第三者，跟已婚的壁紙大王彼得·尚德·凱德（Peter Shand Kydd）在一起，放棄了婚姻和家庭。這現象也顯示在黛安娜的星盤中，並且套用到她後來的人生經歷中：

黛安娜的本命盤中有天王星和金星的90度相位、金星與月亮90度的相位、天王星與月亮的180度相位，所以依度數順序，在她的生命早期，母親便是因為一個與眾不同的對象（天王星），讓她違反傳統觀念與之相戀（金星），導致愛情（金星）與家庭（月亮）不能兩全，最後拋棄家庭，用打破傳統的方式完成她今生要學習的事物，來平衡她的累世舊習（天王月亮180度：天王合北月交），卻導致家庭支離破碎。

這個相位反映在黛安娜的生命中，如前面合盤所敘述的，當她與查爾斯的愛情（金星）因為遭受媒體注目（天王星），無法滿足安全感（月亮）的時候，她選擇了暴飲暴食（天王月

亮180度：分量失常的飲食）。

後來查爾斯與卡蜜拉的外遇（天王星），影響到黛安娜與查爾斯之間的愛情（金星），令她失去安全感（月亮），幾乎崩潰、神經緊繃、有厭食症、企圖服藥自殺（天王月亮180度：電荷與腸胃的不正常運作，突然的自我遺棄，如她母親的拋棄）。

或是類似的另一個例子：她與妯娌莎拉的關係。金星也可以是友情。一開始一同玩樂，如同金星在第5宮的現象，卻因為莎拉突然出版回憶錄，探討兩人間的私密（天王星），影響到她們的友情（金星），使黛安娜沒有安全感（月亮），而斷絕了她們的聯絡（天王月亮180度，主要是天王星斷絕了月亮的對外聯繫）。

光是這樣一個幼年時發生在家中的傷痛，化成一個占星學中的T字（天金90度、金月90度、天月180度）相位，便能夠以各式各樣的面貌出現，反覆地影響黛安娜的一生，不得不承認生命早期的事件對一個人的心理影響有如此之大，令人不勝唏噓啊。

第九講

什麼是神話占星學？

本講主要介紹另一個試圖結合心理占星學與神話學的神話占星學（Mythic Astrology），它是同時運用心理學的推理分析以及神話人物的象徵特質，藉由故事性的敘事手法，並且是以希臘羅馬眾神演出話劇的方式，演譯占星學的各種天體現象，讓人透過這些故事情境，更有效地去對自己做對照與覺察。

　　在講神話占星學之前，先來一段希臘羅馬共通的神話故事。裡面的細節都經過簡化，僅概述神與神之間的關係。所節選出來的部分，是占星學裡比較常探討的案例。下述的神名主要以占星學裡的行星名字為主，若括弧內有另一個名字，表示在另一方的希臘(或羅馬)神話是適用這個名字。

　　話說最古早的天神天王星總是在夜晚時來到大地女神處與之歡愛，因而生了很多小孩。可是天王星很討厭他的孩子們，甚至把這些孩子塞回去地底，令大地女神很痛苦。於是大地女神慫恿他的孩子們出來反抗，其中只有土星願意這麼做，因為他嚮往天王星的無上權力已久。土星用大地女神給他的鐮刀將自己的父親天王星閹割了，然後推翻天王星的統治，成為新的天神，並將天王星的性器投入海中。裡面遺留的精液跑出來，蒸發成為愛與美的女神金星。

　　土星與他同為姐妹的妻子瑞亞共同建立了一個有良好道德的天國，在他統治的所謂黃金時期(Golden Age)，沒有發生過任何戰爭或不道德的事。但是天王星詛咒土星：你這樣對待你的父親，總有一天你的孩子也會這樣對你，並將你推翻掉。土星怕預言成真，就在瑞亞生出孩子後，將孩子吞到肚子裡。瑞亞在生到第六個孩子木星的時候，偷偷把他藏在Crete的一個

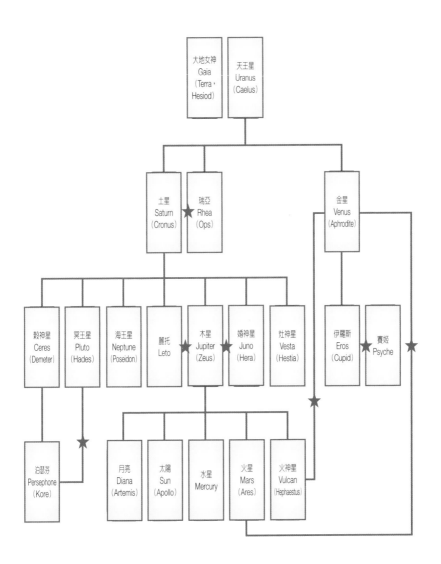

圖表⑰ 神話學中行星關係對照表

小島中養大，因此木星逃過一劫，後來在大地女神、瑞亞以及一些泰坦（土星的兄弟們）的幫助下，合力推翻了土星，並將他的兄弟姐妹灶神星、海王星、冥王星、婚神星、穀神星，從土星肚子裡救出來。於是眾神推舉木星為眾神之王，與由他同為姐妹的妻子婚神星一起統治天堂，冥王星被分派掌管地底，海洋則隸屬於海王星。

有個說法是，因為木星破壞了穀神星跟冥王星結合的機會，使穀神星生下泊瑟芬，於是冥王星將泊瑟芬帶回地底冥府，成為冥后。後來為了解決穀神星因失去女兒而傷心，導致長期寒冬、萬物不生，木星派兒子水星出面交涉，達成一個協議：由於泊瑟芬吃了冥府的石榴種子，依她所吃的量，每年必須有四個月留在冥府。扣除之後，一年有八個月可以回到地表。穀神星因為女兒週而復始的歸來與離去，產生的心情變化，展開了四季的春夏秋冬。

另一方面，因為婚神星生下火神星時，嫌小孩太醜陋，立刻丟下奧林帕斯山，下墜一天一夜掉到海邊時跛了腳，被海中仙女忒提斯撿回水面下的洞穴，當作自己的兒子扶養。長大後的火神星利用漁人留下未燒盡的煤，發現了鍛造金屬的方法，為他的養母忒提斯打造無數美麗的首飾，讓她在眾神會中出盡

風頭，也引發婚神星的好奇。後來發現他原來是自己的兒子，便要求他重返神國。但火神星不但加以拒絕，還爲了報復，而用金銀珠寶做了一張精美的椅子，讓她歡喜地坐上後，才發現是陷阱。三天後，木星發現婚神星被困，以火神星與金星結婚的條件，換得婚神星的自由。雖然如此，金星婚後仍與火星外遇，常讓火神星生悶氣。

金星和火星共有一個兒子伊羅斯。因爲金星忌妒賽姬的美麗，要伊羅斯害賽姬嫁給全世界最醜陋的人，但連伊羅斯也著迷於賽姬的美麗，失手讓愛情的金箭弄傷了自己。結果他愛上了賽姬，設計使賽姬變成自己的妻子。兩人約好相處時必在全黑的室內，因而被忌妒賽姬的兩個姐姐挑撥，叫賽姬破壞誓言，看清楚自己丈夫的長相。這個行爲引來兩人的分離，賽姬爲了找回丈夫，經過穀神星和泊瑟芬的提示，來到金星面前，接受她忌妒又生氣的三大考驗。最後從冥府回來的路上，被心軟的伊羅斯救回，請求木星讓兩人結爲連理。

其他出現的神祇如木星與麗托所生的太陽神阿波羅和月神黛安娜（阿提密斯），這兩人是孿生姐弟，都喜狩獵和使箭，主要事蹟著墨於特洛伊戰爭。因爲太陽神是特洛伊供奉的神祇，所以太陽神與月神在戰爭中多幫助特洛伊城。

　　還有一個常被心理占星學家討論的是：殺掉迷宮中吃人怪獸牛頭人的希臘英雄賽修斯。由於克里特國王米諾斯違背對海神的誓言，引來海神的報復，讓米諾斯的妻子愛上一隻白色公牛，生下一隻牛頭人身的怪物牛頭人。為了掩飾醜聞，也因為這怪物會吃人作惡，米諾斯不得不建造一座迷宮，設法關住牛頭人；又因為殺不死怪物，米諾斯只好每年定時將七男七女供奉給牛頭人。這時，賽修斯出現了，在國王的女兒亞里亞德妮的幫助之下，他用一捆線來到迷宮中心，成功殺死牛頭人，成為了希臘著名的大英雄。但他本來答應要接走亞里亞德妮，卻因為酒神戴奧尼索斯的示現而放棄了她，傷心又滿懷怨恨的亞里亞德妮，便在命運的安排之下，成為酒神的妻子。

什麼是神話學（Mythology）

簡單來說，就是關於神話故事的科學性研究。大量比對、分類、分析世界各地的神話故事，進而發展成一種理論：包括神話故事的產生、發展、演變及流傳上的特色。

神話學的象徵意義

這裡談論的主要是喬瑟夫・坎伯（Joseph Campbell）所提的神話學概念。

透過各神的演出（如前述的一連串神話故事），神話可分成幾個種類：

1. 比較接近世界形成的過程─大多從太古天體是一片混沌開始，分開成天地之後，天上星星各司其職，而有生命及四時的變化。

例如：天王星和大地女神屬於天與地的運作關係，有如陰陽和合；土星吞掉自己的孩子，或許是天體運行時，因為那些行星隱身於土星之後，從地球無法觀察到，爾後當木星起作用，那些行星便又重新出現在地球可觀察到的軌道上；穀神星與泊瑟芬的故事，則講述了四季的變化……等等。

2. 影射生命的起源，及物種的演化與相續。

生命的起源，如：天王星和大地女神生下土星和瑞亞以及其他小孩，接著土星和瑞亞生下灶神星、海王星、冥王星、婚神星、穀神星和木星；木星和婚神星又生下火星和火神星。

物種演化的部分，如：一開始是天、地之神，接著是行星之神，然後是各元素、四季、氣候變化之神，又演變出精靈、花草樹木、山水河流等神。

3. 依區域的不同，漸進式地開始有石器、狩獵、農業等文化的變遷。

這部分主要以神所掌管的職務來看：掌管鑄造的是火神瓦肯（火神星）、掌管狩獵的是女神黛安娜（月亮）、酒神是戴奧尼索斯等。到後來則是打倒大怪物及戰爭的英雄，如賽修斯。

4. 經過不斷演進之後，比較繁瑣、具有輪迴概念、與人性或歷史反覆有關的故事。

例如：兒子打倒並推翻父親等骨肉相殘、男女情愛糾葛與亂倫關係、為了名譽或利益而造成兩國或多國爭戰、歷經許多瀕死經驗而重生兩次的酒神、為愛歷經重重困難，甚至不惜一闖冥府的賽姬等。

神話占星學

因為理查‧艾迪蒙（Richard Idemon）後來精研喬瑟夫‧坎伯（Joseph Campbell）的著作，將他的概念融入心理占星學中，因而發展成神話占星學。這個部分主要講述人的某些行為模式，彷彿是個人創造出來的神話，或是背負著家庭、民族，以及人類共通的神話等等。

透過抽絲剝繭，可找出自己個人的神話情結，例如：

土星因為母親大地女神的慫恿，以及對父權的迷戀，產生想要擊倒或推翻父親天王星的想法，同時又因為怕故事重演（被自己的兒女反叛），而一一將他們吞噬。這部分回歸到自己的原生家庭，屬於土星和月亮的相位、土星和太陽的相位、天王星和太陽的相位、以及土星和天王星相位的探討。

或者，泊瑟芬（女孩）必須經過地底的潛沉（Pluto）及變為冥后（女人）獨立自主的過程，才能回來面對溺愛的母親穀神星。這部分屬於金星和月亮，再加上冥王星相位的探討。

或者，賽修斯必須透過絲線（占星術士）的引導，進入迷宮（星盤），面對牛頭人身的怪物（內心癥結之所在），將牛頭

人擊倒之後，才能成為英雄。這部分象徵著：透過星盤的符號指引，去意識並理解自己內心許多不可告人和晦澀的私密與情緒，透過面對的過程，解決自己心理延伸出來的各種問題。

關於黛安娜王妃自己所創造出來的神話，我們可以約略歸類如下：

- 母親因為愛情拋家棄子，延伸至她自身違反傳統的情感模式及飲食習慣：天王星、金星、月亮的相位。

- 一種年齡落差大的愛情。對父親的崇拜，延伸至對查爾斯的崇拜，但最終都因為他們的感情移轉至新歡而失望至極：金星與土星成120度、太陽在巨蟹在第7宮、與第10宮的海王星成120度。

- 幼年經歷父母對監護權及財產爭奪的離婚官司，使她和查爾斯的離婚也無法隨便了事：火星及冥王星合相在第8宮。

第十講

占星與醫學的關係

本講會以簡要的篇幅探討比較少見的醫療占星學（Medical Astrology）基本概念，但不同於西醫的模式，反而是這幾年個人在中醫理論學習中的心得發現與想法，幫助讀者在過去的零星理論當中，建立一個比較有架構的理解方式。

在中古世紀的歐洲，由於西醫技術的進展尚在啓蒙的階段，而且當時人們的信仰還普遍接受神祕學的情況下，學習醫學的人是需要同時學習占星學的，目的是要運用占星學所提倡的：大自然（天體行星）與小自然（人體臟腑）互動的概念，藉此去理解人體的運行，並針對星圖所可能提供的線索，來發現一些當時檢查技術無法察覺的身體病徵。

同時，中國古老的醫學理論從黃帝內經開始，便遵從相近的理念，因此在上古天眞論中便有提到岐伯回答黃帝關於上古之人能夠長命百歲的原因在於：

上古之人？其知道者，法于陰陽，和于術數，食飲有節，起居有常，不妄作勞，故能形與神俱，而盡終其天年，度百歲乃去。

大致上的意思是：上古時代的人嗎？如果理解養生之道的人，會取法於天地晝夜陰陽四時的變化，調養合道，飲食有節度，起居有常規，不妄作操勞，所以形體與精神同樣健在，可以活到上天賦予的壽命，滿百歲以上才死亡。

我在學習中醫理論的過程中，發現體內臟腑與天體運行之

間，也有密不可分的關係，於是決定研究一下中醫學與占星學的呼應狀況。上網查詢之後，我發現目前這部分仍舊在各家摸索階段，僅有一些古人零星的推論，尚無足夠的數據來做比較貼切的系統說明。因此以下要表達的，是由我自己觀察及學習而來的推論，以後可能會根據經驗不斷提出修正，故僅能供作參考。

若要分別以星座、行星及相位，甚至宮位來分別解釋身體運行的狀況，我覺得星座好比身體的各種系統，行星好比臟腑或各部位的器官。

例如：牡羊座可能代表身體的免疫系統，金牛座可能泛指所有感官接觸系統或是荷爾蒙系統，雙子座也許是所有管道的傳輸系統，巨蟹座則為吸收及儲備系統，雙魚座可能是人腦的影像系統等等，以此類推。

又例如：太陽掌管的是眼睛或心臟，月亮是乳房或胃，水星是肺、指頭、氣管或腸道，金星是膚色或荷爾蒙，火星是血液或肌肉，木星是脾臟或腳，土星是腎臟或骨骼，天王星是呼吸的氣或神經中的電荷，海王星是體液或血液中的水分，冥王星是身體經絡運行的秩序、人體原慾或生殖器等。

這部份的推論同樣來自於黃帝內經裡面關於臟腑的相關論述，同時對照行星的特性而來。

例如：土星與腎臟之間的關係。在黃帝內經的陰陽應象大論篇當中關於腎臟的特性有這樣的描寫：

北方生寒，寒生水，水生鹹，鹹生腎，腎生骨髓，髓生肝，腎主耳。其在天爲寒，在地爲水，在體爲骨，在臟爲腎，在色爲黑，在音爲羽，在聲爲呻，在變動爲慄，在竅爲耳，在味爲鹹，在志爲恐。恐傷腎，思勝恐，寒傷血，燥勝寒，鹹傷血，甘勝鹹。

大致上的意思是：北方對應到冬天，冬天會生寒氣，寒氣與水氣相應，水氣能生鹹味，鹹味能滋養腎氣，腎氣能滋長骨髓，骨髓充實則能夠養肝，腎又主導耳朵的狀況。它的變化在天是寒氣，在地爲水氣，在人是骨髓，在五臟是腎，在五色中是黑色，在五音中是羽，在五聲中是呻，在病變的表現上是戰慄，在孔竅的話是耳朵，在五味中是鹹味，在情志的變動中是恐懼。恐懼能傷腎，思維能抑制恐懼；寒冷能傷血，燥熱能夠抑制寒冷，鹹味能夠傷血，甘味能夠抑制鹹味。

因此不論是對應到本書第三講行星作用中或是第九講神話學中所描寫到的行星特性諸如：個性冷硬、容易憂鬱恐懼、與骨骼相關、主導聽覺（因為土星是婚神星的父親，而婚神星掌管聽力與平衡感），皆以土星最為相近。

依此類推其他行星與臟腑的關係。

出生圖的行星相位，好比臟腑或器官彼此運作的互動關係；宮位是在何種情境比較容易運作；行運時所造成的相位，則代表事件發生時促使身體做額外運行的作用力。

因此，如果本命土金有相位，膚質可能不錯但色澤暗沉些；火海有相位，可能容易有發燒的問題，或有許多莫名的瘀血或小傷口；冥日有相位，可能心臟易承受壓力，導致血液輸送無力；天水有相位，則除了本身講話的聲音特殊之外，對於外界各種音色或許有特殊偏好等。

行運的木月相位，可能導致大量飲食之後的身材發胖；土火相位易有外傷，如開放性骨折；海王入六宮或有莫名而惱人的小疾病，如全身發癢或食物中毒等過敏體質；土星入六宮，可能因為過勞而致病；冥王入六宮，可能因為承受外界所給予

的極大精神壓力強迫運作局部功能，因而產生不易察覺的癌腫瘤等。

　　一般會被討論到的疾病多屬1宮、6宮或12宮的範圍。1宮要討論的是先天體質在環境的互動中因行星作用而產生本質上的影響。若說12宮是孕育的過程中植入過去的業力所造成精神上的疾病，那麼六宮大概可說是此生因為自己刻意運作局部功能造業而成的身體宿疾吧！

第十一講

占星學與時勢週期

當占星學不再直接與個人產生對
照，而是宏觀整個世界的運行狀
態時，便如古代觀星象的人士，
關心的是整體生命當下或未來的
共存關係。本講便是概論一般的
占星預言家常見的各種趨勢觀測
及詮釋方法。

　　宇宙星體的不可思議，在觀看時勢或是個人行運時，竟然都各自可以解釋，且又搭配得剛剛好，真是令人驚歎。學得越多、越深入，越覺得自我渺小、人（能）力薄弱，以及受制於天命的無奈。

　　通常在看全世界的整體時勢時，有一種綜觀的特質，比較不去觀看宮位，反倒以本質的行星相位和所落星座為主。也有人將星座及星宮視為一體，也就是牡羊座等同牡羊宮（第1宮）、金牛座等同金牛宮（第2宮），以此類推。除非選好特定的地區，且明白該地的出生圖時間，不然宮位可能不太有什麼意義。

　　然而，要如何決定一個「地點」的出生時間呢？它不是一個「人」或一隻「狗」，我們也不可能知道這塊地在板塊運動之後形成的時間，更不用說探知當時的行星位置在哪兒了。有一些抽象的形體也有類似的問題，例如：「國家」、「公司或企業」、「特定的物種」、「某個民族或文化」……等等。

　　因此，就已知的方法來說，單純要看五大洲或七大洋的命運，可能沒辦法用特定的出生時間來定義。但是可以暫時將「誰」主導這個地點，以及「何時」開始主導視為一體，以

「誰」的星盤，或是「何時」開始的時間盤，當做該地暫時的出生盤。

例如：美國的星盤，一般是以宣布獨立宣言的那個時間點，當作「美國」的生命主軸，基本國運就看這個星盤。做主要決策的人若是總統，就以總統的出生盤，加上行運，來看美國短期 (4年的總統任期) 的實際大運。

又例如：公司或企業可能簡單一點，以公司成立的時間當主軸，佐以負責人 (主要決策者) 的本命盤加上行運，就可以看出端倪。

再例如：「石油」或許已存在地底數千萬億年，根本無法推測它的「生日」，因此，它的特性及作用，或許只能以被發現的年代或公告發現石油的日期及時間地點來看；特定宗教則以起始日或發起人的生日為準。但這些都不容易確定，除非有一些相關的行運事件去對照，才有機會比較明朗。建議去研究歷史上所發生的事件或現在正在發生的新聞，同時對應星盤的相位，作為現象觀察與解盤的練習。這部分跟研究名人星盤的概念相近，也是占星學家經常在做的事。

　　因此，綜觀在地球發生的整體現象時，就單純看星座及相位的影響了。例如：太陽月亮合相或對相時，正好是朔月或望月，在地理現象上容易有潮汐的變化，如果再落於水象星座，尤其是巨蟹或雙魚，就可能引發水量較大的漲退潮。

　　月亮、金星和木星主要探討一時性的經濟現象，所落星座可看某一方面的經濟。例如：落於水瓶座可能是與科技業有關；落於摩羯座，可能是與國家當年度的整體經濟或房地產相關的經濟；落於人馬座，也許是與異國旅遊或是出版業相關的經濟現象，依此類推。

　　前述三顆星星若與冥王或土星產生相位，則比較深層探討入世的價值觀，經濟結構也會比較大而沉穩。例如：大規模的企業投資或國家的經濟建設（例如：十年或二十年建設）。所落星座仍舊是業種的屬性。例如：雙魚座也許和電影或影像、藝術的工業有關；天蠍座或許跟財團、保險、股市現象有關；摩羯座也許和營建業或國家的土改、都市規劃等有關。

　　當行星彼此沒有相位時，僅是一個整體現象，有點像大家都處在類似的感覺當中（例如：同在一個煙霧瀰漫的場所），但比較沒有明顯而具體的事件；在相位「正正」時，事件已經

發生，且發展正熱烈（例如：有人因爲濃煙而咳得厲害）。有
行星產生相位又逆行時，有種累積無法發洩的窒悶（例如：想
咳卻咳不出來），有時會因爲出狀況而反覆運作，一直要到重
回順行的「正正」相位，事件才會在達到眞正高峰後逐漸退燒
（例如：終於把積淤的廢氣透過咳嗽從肺中清除）。

　　如果探討到報章雜誌常見的星座預測，類似每日星座或是
一週星座運勢、20XX年運勢等行運分析的部分，一般是以太
陽所在星座爲討論的對象。同時以太陽所在星座爲第1宮，其
他星座按順序爲第2宮，一直到第12宮。然後看當時其他各個
行星座落的星座及相對宮位（此時通常不看度數），假想與太
陽所在星座形成的三方四正關係。一般會寫這種分析的人多認
爲：反正太陽平均在一個星座的日子有三十天，所以每三十個
人中，至少有一個人會被說中。比起樂透彩或是電話、網路騙
術來說，1/30的中獎機率算是很高的。

　　一般人對星座往往是半信半疑，因爲不眞的想做自己的內
心功課，通常不會想要認眞去理解。所以被說中時，會自己對
號入座；沒有說中，就說它不準，也不眞的放在心上。導致這
樣的分析仍舊盛行，也無傷大雅。但危險的是那些眞正對自我
生命迷惘的人，就像病入膏肓，想要抓住救命之繩的病患，爲

求治癒或繼續活命，即使看到一些離譜的民俗療法、昂貴的醫療技術或藥品，也完全沒有顧忌地一頭栽進去，毫無判斷的能力，有時候算是一種盲從。這時就得看他的運氣如何，以及幫他解盤的人有沒有良心了。

為他人講解星盤，某種程度是要負責任的，一種良心的責任。到底是抓出病因讓對方面對？還是給他一個時間點幫他暫時解套，卻任由對方反覆地受同樣的苦？這是一個好的占星術士必須要經常自我提醒的部分。

第十二講

輪迴占星學

當生命開始有不斷循環的特質出現時，也就開始有所謂輪迴的探討。到底輪迴的真實意為何？我們有沒有能力探討輪迴？或是該如何面對所謂的輪迴？是這一講試圖提醒讀者的部份——「一切唯有面對而已」。

什麼是業報輪迴

　　關於業報（Karma），一般的定義頗狹隘：「種瓜得瓜，種豆得豆」以及「善有善報，惡有惡報」。這些描述也沒什麼錯誤，只是我還有其他的體會，源自於心念的產生與身體之間的運作關係。也就是─

　　什麼樣的念頭，產生什麼樣的結果。

　　不要天真地以為一切只是想想而已，什麼事也沒有發生。事實上，只要因為心念而產生了情緒，身體就已經承受到結果。比方說，腸胃因為承受壓力而不舒服，肌肉因緊張而僵硬，睡眠品質因為擔憂而降低，心跳因為暴怒而不規律，呼吸因為哀慟而不順暢……等等。如果又因為心念的產生，對應到外在的對象，當然就會引發事件。

　　一般所知的「輪迴」也很侷限，大多定義在「投胎轉世」與「前世今生」或是「與因果報應有關」，這部分並沒有什麼太大的疑義。但我所體會到的輪迴，除此之外，還有很多像迴圈（loop）一樣，不斷重複再重複的自動化反應。這些反應經

常在一種不自覺的潛意識狀況中進行。

　　從最簡單的呼吸、身體的代謝循環，每日作息所必須的飲食、睡眠、排泄，到各式各樣情緒（安全感）需求的週而復始、習慣的養成、人與人之間的悲歡離合，一直到所謂人生的起落、生老病死、國運的盛衰、歷史的變遷、大自然的演化（質量守恆定律）、日月星辰的軌跡等，無一不是跟隨天體的時間在做「成、住、壞、空」週期性的循環。例如主動星座開啟一種新現象（成），固定星座將之發展到極致（住），變動星座則處於現象的逐漸消逝狀態（壞、空）。

　　這部分跟老子所提出的道家思想應該是很相近的。所謂的「道」，是順應天地的自然運行，其運行狀態無法清楚地以言語描述，所以強冠上一個名字叫「道」。「天地不仁，萬物皆為芻狗」，這是「道」的展現；「因果輪迴，報應不爽」也是。

　　當我看著出生圖中的自己，覺得就像在天體運行時拍下的

照片，對應人生影片所捕捉到的停格。我發現，自己的生命基本上已經被這精密設計的所謂「輪迴」牢牢地牽制住了。從出生的那一刻起，分分秒秒日日月月年年，星辰運行所帶給我的影響，只是在不斷地強化這張圖。在行運的任何一刻，我幾乎不曾有能力可以不受到呼應。

於是我開始問自己：我真的要順著祂嗎？什麼才叫順應天地？星星的波動是如此細微，在察覺到自己常常因此苦惱之前，我已經不知不覺共震了許久。如何才能擺脫這樣的波動呢？

關於輪迴占星學

Karmic Astrology，一般翻譯爲作業報占星學、靈魂占星學、或輪迴占星學，應以「業報占星學」語義最爲貼近。

不用「靈魂占星學」，是因爲除了投胎轉世之外，一般很難定義靈魂的型態。怎麼樣才叫做「追求靈性」？因爲沒有具體的事項及執行方法，讓我覺得這是個很虛無縹渺的口號。又因爲不想使這個名詞被認爲太過怪力亂神，或是太過於宿命論，加上星盤的外形及星星運行的軌跡給人的印象比較像「轉輪」的模樣，所以我選擇使用輪迴占星學這個名詞（但是跟宿命眞的脫不了關係）。

就常見的各家說法來看，一般而言，若要探討輪迴的關係，不管是本命盤、行運所產生的相位，或與他人的合盤，都要先看這幾點：在宮位的部分，主要探討第12宮；行星的部分，探討月亮、土星、海王星和冥王星彼此的相位；影響個人的部分，則會以討論月亮與其他三顆行星（土、海、冥）的相位，或是第12宮的狀態爲主。

　　大部分時候，我比較喜歡探討不斷重複的「慣性」，也就是星盤中較屬於迴圈的特性。但現在我對第12宮可能引起的精神狀況也頗有興趣，這是從醫療的觀點來的：爲了維持觀察者的身心安定，有時會注意第12宮是否變動。

關於前世今生

如果有人說某某的前世是XX，過去（前輩子）曾經做過什麼，你真的要相信他嗎？憑什麼？對方說有神通可以鑑往知來，你就要因此相信嗎？要小心！通常一般人的習慣是：一旦心理狀況的某一點被說中，之後的任何言語，無論真假，都會糊裡糊塗地相信下去。

事實上，有太多語彙是很模稜兩可的，就像一般「算命師」、「通靈者」或「政客」會說的話。只要稍微懂一點面相學、理解中醫脈絡與人體氣色的關係，或比較懂得「察言觀色」、會一點心理學的人，都可以說出這些話，將人唬得團團轉。一個自我內心功課做得不錯的占星術士，應該要有能力培養正知見，可以清楚分辨真假或事件的可能性。

可以相信的是，出生圖當然也有跟未出生前，或個人過去累世相關的訊息。可惜因為生命太短暫，就目前已知的生物中，沒有任何一種生物可以過完所有行星完整的循環（大約兩萬多年），更別說留下可供人類辨識的紀錄。同時，世界上也幾乎沒有幾個人能夠真正看到所有人的前世今生（或者無法被

其他人證明）。所以關於前世世的部分，一般所能獲得的各家資訊，頂多只能說推論，很難有眞實且足夠的數據來探討所謂輪迴實相與占星之間的關係。這點是必須釐清的。

關於命定之數

首先我要提出一個自己不久前的經驗：

有一次跟朋友A約好要到台南聚會，同時也約了共同的朋友B夫婦。

由於B夫婦新婚歸寧，娘家就在附近，但沒有很確定可以出現。聚會的前兩天，我傳了簡訊給朋友A確認行程，結果他因為要直接回家，就沒有要去了，於是我也傳簡訊給B夫婦，說既然如此，那乾脆先取消掉這次的行程。

不料才剛傳完，朋友C打電話來問說要不要到台南，於是我將情形說了一遍，因為不好意思再勞動朋友B他們，所以透過朋友C跟他們連絡，如果OK的話，我們一起在台南碰頭。雖然與原先計畫不符，但我最後還是到了台南，開心地玩了一晚。

在這裡我要說的是，一個人命定在何時何地要發生什麼事，可能就是會發生，但卻不一定是在自己預設的狀況下。雖

然可能導致同樣的結果，但其中的轉折，只有自己清楚。

可是人很容易被養成習慣，以為這樣的結果，必然是自己經歷過的經驗造成，只要反覆發生幾次類似的現象，就直接歸類成一個具有明顯前後關係的邏輯運算的方程式（也就是星盤中最後被畫成星星彼此間相位的連線）。於是其他的可能性就慢慢被忽略，生命的軌跡也越來越定型，幾乎就看不到其他轉折的機會了。

因此很多關於扭轉人生方向的課程，或是心理分析，或是宗教信仰，甚至是命理卜算……多到不勝枚舉，重點都是在提醒自己要發展出新的視角，從新的觀點來看原先自以為已經熟悉的人事物，「重新發現」自我的存在與這宇宙整體之間的關聯。「重新定義」這個「我」到底是誰？「重新面對」所謂的「真實」或「真理」。

命定之數，或許就是註定了要發生。但是自己仍舊可以選擇，那個選項在於「自己要如何面對」，而非選擇「結果是哪

一種」，結果就是結果，本質不可能改變，唯有「程度和層次」的差別，也就是自己選擇要如何面對的程度跟層次，我認為這是唯一可以影響「結果」的部分。

結　論

成為真正的占星高手

這本書的架構其實一目了然，從心態的建立到學會基本的解盤技巧，接著是找出自己生命中的規律，窺見一小部分宇宙的秩序，最後是自我面對的過程，以及試圖透過星盤，找出解決生命問題的方法。

關於名人星盤的解讀，或是各行星的相位、宮位、星座等探討，大多是提示或點到為止。因為生命應該有很多的可能性，關於那些可能性，應該要讓讀者自己做一些努力去挖掘，包括多看一些其他作者的論述，或自己試圖做一些行運的實驗來對照星盤可能呈現的現象，然後消化吸收，成為自己的養分。這部分我很認同理查・愛德蒙轉述榮格的說法：「你無法帶領一個人走到比你所到之處還遠的地方」，也覺得描述表象的事只是讓自己疲於奔命，永遠趕不上日新月異的物種進化，以及各種生存淘汰的現象。

　　如果我告訴你答案A，你可能就不會去找答案B，除非你不相信我所說的，並且同時聽到別人說答案C，甚至D和E。這些令你迷惑的眾多選擇之中，沒有任何答案是最好的，只有階段性需求的好壞，等到年紀更長在回顧自己的過去時，你甚至還要為當時「自認最好的選擇」而懊悔。

　　不同時期做生命回顧，都會有不同的評價。以星盤而言，所有價值觀都是對的，因為不論是哪一種決定，都必定符合星盤的規律，只有層次的差別而已。要想跳脫這個星盤秩序，基本上是很困難的，除非痛定思痛，有了深刻的體認，但就算如此，也不一定就能如己所願。我曾經在一些人身邊學習，發現就算是一個自認已經對自身生命很有體悟的人，還是會在行運的捉弄中，忍不住重蹈覆轍。難道他真的不了解自己的問題所在嗎？我猜想，他在體認到自己又故態復萌的當下，應該是既錯愕又痛苦。

　　這是占星術士經常要面對的問題。就算以為已經非常理解自我，還是會被宇宙秩序挑釁，做了在慣性主導下自動反應的

事。於是到底應該要改正錯誤，還是面對即將發生的錯誤呢？這部份，就交由讀者去判定吧！

如果往後有要補充的地方，或許會寫到下一本書中，或是不定期地玩一些遊戲或測驗，間接回答讀者所提出的疑問。也就是說：沒有認真看我的書的人，大概就看不懂我設計的遊戲或測驗囉！

喔～沒有啦，這樣太狠了。應該是說，在我還沒有很確定成為「占星學定律」之前，我傾向於隱藏在遊戲中，讓讀者去體會體會，等大家都有了共鳴，或是我的數據收集齊全之後，就會比較明白地公佈出來。謝謝購買並閱讀本書的讀者。

附錄 I

著名占星學家及其論述

在這裡要介紹一些當初從倫敦搜購回來的書籍及其作者。基本上只是個書單，但是他們的很多論點都相當有意思，對他們的研究有興趣的人，可以上網搜尋這些占星學家其他的著作。以下的順序其實只對我個人有意義，與他們對占星學的貢獻及公認評價無關。

理查‧艾迪蒙（Richard Idemon）

以下兩本都是從理查‧艾迪蒙的工作坊（Workshop）集結而成的書，除了倫敦當時正在發展的、結合榮格心理學的占星學之外，理查‧艾迪蒙想必受到神話學大師喬瑟夫‧坎伯那本《英雄的旅程》（A Hero's Journey）的影響頗深，所以在心理占星學裡加入了神話學的元素，讀起來很有意思。有興趣的人還可以從這兩本書的最後，找出作者旁徵博引的相關書目做延伸閱讀。

- Through the Looking Glass ── **Weiser Books,** 1992（已重

新再版，由Howard Sasportas整理出書）

- The Magic Thread——**Weiser Books,** 1996（已重新再版，由Gina Ceaglio整理出書）

霍華·薩司波塔斯（**Howard Sasportas**）

與麗茲·格林（Liz Greene）合力創辦了CPA的霍華·薩司波塔斯，也是很厲害的占星學家。他的單行本著述主要如下，其他列於與麗茲·格林合著的書單中。

- The Gods of Change——**Penguin (Non-Classics),** 1990（已絕版）

- The Twelve Houses——**Thorsons,** 1998（已絕版）

- Direction and Destiny in the Birth Chart——**CPA Press,** 2002

麗茲 · 格林（**Liz Greene**）

關於麗茲·格林的介紹及論述，從網路上可搜尋到的不勝枚舉，是個量產的作家。主要作品如下，其中不少是和霍華·薩司波塔斯（以下用縮寫H.S.註明）合著，大部分仍繼續再版中，不用擔心找不到書。

- Saturn: A New Look at an Old Devil——**Weiser Books,** 1976

- Relating: An Astrological Guide to Living with Others on a Small Planet——**Weiser Books,** 1977

- The Outer Planets & Their Cycles: The Astrology of the Collective——**Crcs Pubns,** 1983 and **CPA Press,** 2005 (New Edition)

- The Astrology of Fate——**Weiser Books,** 1984

- The Development of the Personality（與H.S.合著）——**Weiser Books,** 1987

- Dynamics of the Unconscious（與H.S.合著）——**Weiser Books,** 1988

- The Luminaries（與H.S.合著）──**Weiser Books,** 1991

- The Inner Planets（與H.S.合著）──**Weiser Books,** 1993

- Barriers and Boundaries - The Horoscope and the Defences of the Personality──**CPA Press,** 1996

- The Art of Stealing Fire - Uranus in the Horoscope──**CPA Press,** 1997

- The Astrological Neptune and the Quest for Redemption──**Weiser Books,** 2000

- The Mythic Tarot（與Juliet Sharman-Burke合著）──**Fireside,** 2001

- Apollo's Chariot - The Meaning of the Astrological Sun──**CPA Press,** 2002

- Relationships and How to Survive Them──**CPA Press,** 2002

- The Mars Quartet - Four Seminars on the Astrology of the Red Planet（與Lynn Bell, Darby Costello, Melanie Reinhart 合著）──**CPA Press,** 2002

- The Dark of the Soul: Psychopathology in the Horoscope——**CPA Press,** 2003

愛琳・沙利文（**Erin Sullivan**）

愛琳・沙利文令我比較驚喜的是關於家族盤的研究，主要探討世代星的影響與家族成員之間的關係，見解也相當獨到。

- Venus and Jupiter - Bridging the Ideal and the Real——**CPA Press,** 1998 and **Acs**, 2006 (New Edition)

- Where in the World? Astro*Carto*Graphy and Relocation Charts——**CPA Press,** 1999

- Saturn in Transit——**Weiser Books,** 2000

- The Astrology of Family Dynamics——**Weiser Books,** 2001

- Astrology of Midlife and Aging——**Tarcher**, 2005

梅蘭妮・瑞因哈特（Melanie Reinhart）

梅蘭妮・瑞因哈特較傾向於談論輪迴占星學以及凱龍星，這是當時我選擇她的書的原因。

- Incarnation - The Four Angles and the Moon's Nodes——**CPA Press,** 1997
- Saturn, Chiron and the Centaurs - To the Edge and Beyond——**CPA Press,** 1997
- Chiron and the Healing Journey——**Penguin (Non-Classics),** 1999

戴恩・魯迪雅（Dane Rudhyar）

重新提出星盤是以觀察者為中心的，就是戴恩・魯迪雅。這是很重要的觀念，他對於月亮的看法也很有意思，有興趣的人可以讀讀看。

- Lunation Cycle——**Aurora Press,** 1978
- Astrological Aspects——**Aurora Press,** 1980
- Person Centered Astrology——**Aurora Press,** 1987

茱蒂 · 霍爾（Judy Hall）

基本上茱蒂 · 霍爾比較傾向於輪迴占星學，還有她的個人網頁顯示出她對水晶能量的研究有深厚的興趣（這部分我持保留態度），當時我是爲了研究冥王星跟月亮的關係才選擇她的書。

- The Karmic Journey——**Penguin（Non-Classics）,** 1991
- The Hades Moon——**Weiser Books,** 1998
- Patterns of the Past——**The Wessex Astrologer Ltd,** 2000

羅伯 · 漢（Robert Hand）

占星學家羅伯 · 漢傾向於做字典式的參考書，我想這兩本應該有中文版。一開始不太熟練星盤解讀的人，可以參考他是怎麼解釋行星相位的。

- Planets in Composite——**Whitford Press,** 1997
- Planets in Transits——**Whitford Press,** 2002

卡爾‧古斯塔夫‧榮格
（Carl Gustav Jung（C. G. Jung））

　　這位作者便是眾所周知的榮格。以下這幾本算是很專業的心理學書，基本上對我而言挺深奧難懂的，只是因為前面提過心理占星學，所以列出來供有興趣做延伸閱讀的人參考。

- Synchronicity ── **Princeton University Press,** 1973

- Dreams ── **Princeton University Press,** 1974

- Psychological Types ── **Princeton University Press,** 1976

- Psychology and the Occult ── **Princeton University Press,** 1978

- Aspects of the Feminine ── **Princeton University Press,** 1983

- Memories, Dreams, Reflections ── **Vintage,** 1989

- Aspects of the Masculine ── **Princeton University Press,** 2003

附錄 II

英國黛安娜王妃及查爾斯王儲生平

　　這部分原則上很多版本及書籍都有介紹，原本想讓讀者自己去查詢，但最後還是決定將簡介附錄於此。這個版本是從Astrodienst網站裡載有的黛妃及查爾斯王儲的星圖直接連結到他們的生平簡介，再翻譯成中文的，原文請自行上網查詢，若有翻譯得不恰當的部分，請多包涵。

黛安娜王妃生平

　　英國皇室成員，斯賓塞（Spencer）伯爵八世的女兒，其優良的血統可以追溯至十五世紀；是英國王儲查爾斯王子相隔11代的表親（妹）。

　　1969年她七歲時父母離異，在父母一場痛苦的監護權爭奪戰之後，她與弟弟查爾斯跟著父親。雖然這個家庭並不民主，但她崇拜她的父親。她是一個害羞、缺乏自信的孩子，大多交由保母照顧。在她九歲時，瑪麗·克拉克（Mary Clarke）變成她的女家庭教師，並在她的餘生中都維持著朋友關係。她愛好游泳和騎馬。

　　當她父親結識雷恩·卡特蘭（Raine Cartland）時，大大地影響到她的安全感。這家人為他們的繼母取了個綽號：酸雨（

Acid Raine的發音很像Acid Rain）。她父親在1975年再娶Raine
為妻時，她已經在Kent就讀寄宿學校了。

雖然不是一個學者，但她在芭蕾及鋼琴上表現良好，並且
特別能在拜訪身心障礙者的醫院時，展現她同情跟關懷的天
賦。

1980年11月，她邂逅查爾斯王子時，已經對他十分傾慕。
完成瑞士的學業之後，她住在倫敦的一棟公寓中，這是以她滿
十八歲之後即可動用的信託基金買的。她在一家育幼院工作，
顯現出對孩子與生俱來的技巧。她的姐姐莎拉（Sarah）和查爾
斯王子交往過，但是當彼此不再聯絡之後，黛安娜就變成一個
適當的人選。查爾斯王子承受著來自皇宮的壓力，必須找到一
個無論血統還是資格都適合坐上未來皇后寶座的人。她必須有
能力應付公眾不斷的檢視、有貴族背景，而且是個處女。黛安
娜符合所有要求。

在五個月的訂婚期之後，他們於1981年7月29日上午
11:17:30 GDT在聖保羅大教堂完婚。在他們為期兩週的地中海
蜜月之旅前，倫敦的遊行隊伍有600,000人為之歡呼。

他們兩個兒子中的第一位，威廉王子，在十一個月後的

1982年6月21日出生，接著是哈利王子，出生在1984年9月15日。

　　這個宛如羅曼史小說般的婚姻，打從一開始就充滿壓力。大眾為她著迷，媒體不放過她的一舉一動。她沒有強穩的安全感，便靠向查爾斯，尋求持續的保證，但這個角色是他不習慣且無動於衷的。當黛安娜受困掙扎時，他不是抽身不理，就是繼續與他的情婦卡蜜拉幽會。婚前她就開始有暴食傾向，情緒化且精神不穩定。她服用鎮定劑，且經常抑鬱到瀕臨自殺的邊緣。她的厭食症隨著神經緊繃、顫抖及情緒巨大的起伏而惡化。她的傳記作家薩利‧比德爾‧史密斯（Sally Bedell Smith）認為黛安娜遭受到一種相當普遍、但難以捉摸的精神疾病，叫做邊緣性人格障礙，症狀包括衝動、感覺被遺棄以及無法維持穩定關係。

　　然而，黛安娜加強了對公眾的職責，展現了完美的形象。她被介紹到世界的時尚圈，開始展現個人的魅力。她有接觸人群的天分，尤其是兒童、病人及瀕死的人，對那些受苦的人有一種真正的同情。她本能地知道如何面對有需要的人，以及如何與受傷的人建立連結。雖然在私生活中常看到她哭泣，但在

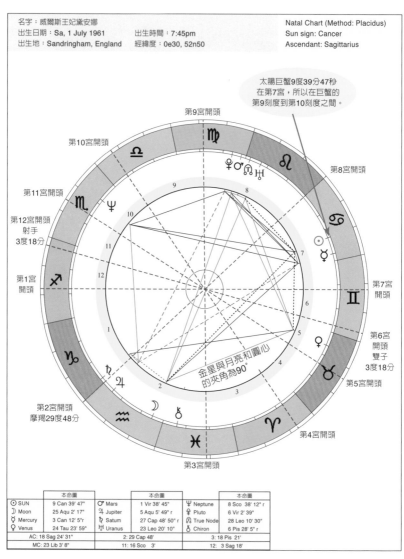

名字：威爾斯王妃黛安娜
出生日期：Sa, 1 July 1961　　出生時間：7:45pm
出生地：Sandringham, England　經緯度：0e30, 52n50

Natal Chart (Method: Placidus)
Sun sign: Cancer
Ascendant: Sagittarius

太陽巨蟹9度39分47秒
在第7宮，所以在巨蟹的
第9刻度到第10刻度之間。

第9宮開頭
第10宮開頭
第8宮開頭
第11宮開頭
第12宮開頭
射手
3度18分
第1宮
開頭
第7宮
開頭
第6宮
開頭
雙子
3度18分
第5宮開頭
第2宮開頭
摩羯29度48分
第4宮開頭
第3宮開頭

金星與月亮和圓心
的夾角為90°

	本命盤		本命盤			本命盤
☉ SUN	9 Can 39' 47"	♂ Mars	1 Vir 38' 45"	♆ Neptune		8 Sco 38' 12" r
☽ Moon	25 Aqu 2' 17"	♃ Jupiter	5 Aqu 5' 49" r	♇ Pluto		6 Vir 2' 39"
☿ Mercury	3 Can 12' 5"r	♄ Satum	27 Cap 48' 50" r	☊ True Node		28 Leo 10' 30"
♀ Venus	24 Tau 23' 59"	♅ Uranus	23 Leo 20' 10"	⚷ Chiron		6 Pis 28' 5" r
AC: 18 Sag 24' 31"		2: 29 Cap 48'		3: 18 Pis 21'		
MC: 23 Lib 3' 8"		11: 16 Sco 3'		12: 3 Sag 18'		

圖表⑱　黛安娜王妃出生圖（一）
宮位的決定使用Placidus法

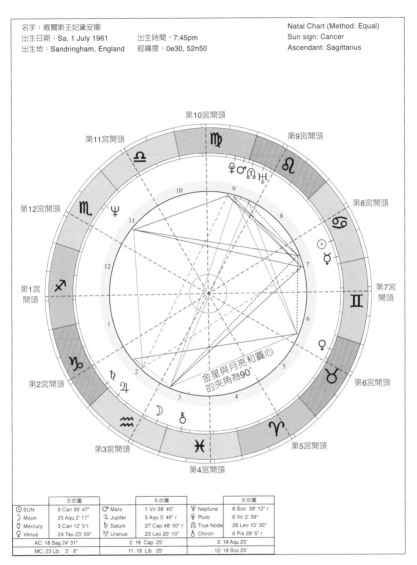

名字：威爾斯王妃黛安娜
出生日期：Sa, 1 July 1961　　出生時間：7:45pm
出生地：Sandringham, England　　經緯度：0e30, 52n50

Natal Chart (Method: Equal)
Sun sign: Cancer
Ascendant: Sagittarius

第10宮開頭
第11宮開頭　　第9宮開頭
第12宮開頭　　第8宮開頭
第1宮開頭　　第7宮開頭
第2宮開頭　　第6宮開頭
第3宮開頭　　第5宮開頭
第4宮開頭

金星與月亮和圓心
的夾角為90°

	本命圖		本命圖		本命圖
☉ SUN	9 Can 39' 47"	♂ Mars	1 Vir 38' 45"	Ψ Neptune	8 Sco 38' 12" r
☽ Moon	25 Aqu 2' 17"	♃ Jupiter	5 Aqu 45' 49" r	♇ Pluto	6 Vir 2' 39"
☿ Mercury	3 Can 12' 5" r	♄ Satum	27 Cap 48' 50" r	☊ True Node	28 Leo 10' 30"
♀ Venus	24 Tau 23' 59"	♅ Uranus	23 Leo 20' 10"	⚷ Chiron	6 Pis 28' 5" r
AC: 18 Sag 24' 31"		2: 18 Cap 25'		3: 18 Aqu 25'	
MC: 23 Lib 3' 8"		11: 18 Lib 25'		12: 18 Sco 25'	

圖表⑲　黛安娜王妃出生圖（二）
宮位的決定使用等宮制

公眾面前她是準備好的，她知道她的角色是要參加慈善機構、開幕典禮、打馬球、歌劇、基金會、講座及各式各樣的活動。她的受歡迎程度開始贏過查爾斯。在1984年，他在人前有一個完美的妻子，但私下他們的婚姻已經陷入僵局。

在哈利出生後，黛安娜得知查爾斯和卡蜜拉的事。她感到被拒絕及背叛，在絕望中深受折磨。她尋求心理醫師、靈媒及占星學家的幫助。媒體發現她去找占星學家潘妮・桑頓（Penny Thornton）及靈媒貝蒂・佛可（Betty Falko）。她憤怒且叛逆地將這段婚姻看做一個恥辱。

黛妃與她的妯娌約克公爵夫人莎拉是朋友，她們一起笑鬧、滑雪、賽車及去夜總會。黛安娜後來斷絕她們的友誼，是因為她發現莎拉的回憶錄太傷人，自此不再與莎拉說話或接她電話。1987年，她與查爾斯大部分時候是分居的。

1988年，黛安娜開始在精神和體力上復原。她開始鍛鍊體能，聘僱一個語調教練，梳時髦的髮型，讓她的品味舉世聞名。

她開始一連串註定的戀情，在單身及已婚的男人懷抱中尋找愛情，這些事都進行地極為機密。她著迷於她的戀情，

渴望男人完整的注意力及接納。根據詹姆士・休伊特（James Hewitt）1994年發表的自傳，他與黛安娜在1986年開始交往，前後持續了五年。他本來是受聘為她的馬術教練，花了大多數的時間在溫莎大公園。Hewitt聲稱黛安娜主動在溫莎的軍官餐廳吻他，並變得更加大膽，邀請他到海格洛夫莊園（Highgrove）鄉下的家中。他聲稱情感上給了黛安娜許多，與他的交往增加了她的自信。

1992年3月，她父親因為心臟病過世，享年68歲。那一整年她與查爾斯及皇室的關係都非常低迷。有從皇宮來的壞消息和敵意。

1992年6月，安得魯・莫頓（Andre Morton）的書出版，是她透過私人訪談集結而成的書。她對自己的口無遮攔與背叛了她的世界十分後悔。該書披露太多醜聞，黛安娜否認自己也牽涉在內。由於一連串與情人間貼心對談的錄音帶曝光，使她的聲譽進一步遭到破壞。她與查爾斯都對外公開他們的不忠，而離婚是否導致英格蘭繼承權的喪失變成國際間的話題。

他們真的離婚了。這件事最終在1996年8月28日上午10:27 GDT宣佈，同時黛安娜也放棄了她的皇室身分，但保留威爾斯王妃的頭銜，因為她是查爾斯之後，下一順位皇室繼承人的母

親。她得到超過兩千六百萬英磅及每年六十萬磅的贍養費,以供她私人聘雇及消費之用。她也保留了肯辛頓皇宮裡的寓所。

黛安娜從公開場合消聲匿跡了一陣子,推掉上百個公眾邀約及她所涉入的事務。她總是樂於奉獻給她的兒子們,帶他們去旅行,並建立自己的私生活。因為婚姻結束壓力減輕,使她和查爾斯在公眾場合以及對他們兒子有益的特定場合中會面,變得較容易。

1995年9月,黛安娜邂逅近39歲的巴基斯坦籍心臟外科醫生哈斯納汗(Dr. Hasnat Khan)。當時,她是去探視他在布朗普頓醫院(Boy Brompton)的其中一個病人。她變裝與他去俱樂部和餐廳未被發現,但他們大多時候都待在肯辛頓宮。他增加了她情緒的穩定度,她對一個朋友坦言:「我找到我的平靜了。他給了我所有我需要的。」然而她的愛情伴隨著她典型的占有慾,並試圖控制哈斯納汗,占據他所有的注意力。將近18個月,她都成功地瞞過媒體。1997年5月,她造訪巴基斯坦去見哈斯納汗的家人—很不幸地,並沒有徵求他的同意。1997年7月11日,他便提出分手。

隔天早晨,黛安娜前往埃及百萬富翁穆罕默德‧法耶茲(Mohamed Al Fayed)在聖特羅佩(Saint-Tropez)的家度假

散心,他是倫敦一家百貨公司老闆。1997年7月14日,法耶茲的兒子多迪(Dodi)抵達,一個成天遊手好閒的公子哥,對電影工業有興趣。多迪‧法耶茲(Dodi Al Fayed)被這位王妃逗得開心,兩人迅速展開他們命運多舛的戀情。1997年7月31日兩人偷跑去沙丁尼亞島(Sardinia)和科西嘉島(Corsica)度假六天。媒體在8月7日爆出新聞,黛安娜與多迪(1955年4月15日出生)的生活很快地受到關注。

1997年8月31日凌晨00:27,黛安娜與多迪在巴黎塞納河的隧道中發生車禍。當法國救護車抵達時,他們宣佈多迪‧法耶茲已經死亡。凌晨00:35,醫生試圖搶救黛安娜。花了52分鐘將她從嚴重損壞的車中拖出,並行駛四哩送她至薩伯特慈善醫院(Pitie-Salpetriere)醫院,於凌晨2:05抵達。黛安娜的心跳在凌晨1:50停止。在凌晨3:45停止搶救,而她被正式宣告死亡的時間是凌晨4:07。如果當初她與多迪繫安全帶的話,就不致喪命了。從各個角落流露出的悲傷十分驚人。黛安娜王妃已經觸動了每一顆心,遺留下一個「人民王妃」的形象跟頭銜。

官方驗屍程序始於2004年1月6日,但幾乎立刻被延至2005年才交由英國最高層的警務人員調查。之所以下令驗屍是因為傳聞黛安娜當時已經懷孕。另外,一封她寫給管家保羅‧伯雷

爾（Paul Burrell）的信引起大眾的注意，描述她相信有一個暗殺她的陰謀，也許是試圖在她的煞車動手腳，她擔心可能是查爾斯王子或其他皇室成員在幕後操縱。2006年12月，英國BBC電台報導：事發當晚她的司機喝醉了，血液中的酒精濃度超出法國法定標準的三倍，美國也曾監聽她的電話。但美國特勤局否認這項指控。

（高等法院的特定時間或離婚判決在1996年11月的行運時從監護人處獲得，並由莎麗・戴維斯（Sally Davis）提供）

黛安娜／查爾斯最終離婚判決是1996年8月28日上午10:17。從電台廣播獲得。他們結婚的婚禮廣播是在上午11:28。

查爾斯王儲生平

英國皇室成員，伊麗莎白女皇二世與菲力普親王的第一個兒子；英國皇室的繼承人。雖然他看起來常是古板、冷酷和保守，但他的朋友們認為他是慷慨、忠實、體貼及仁慈的，一個總是盡全力做到最好的男人。

他是一個敏感的孩子，當他的雙親沉浸在公職及國務旅行的大多數時候，他被交由保母照顧。他對父親有英雄式的崇拜，然而他父親對於小男孩經常是粗暴且缺乏耐心的。皇室第

一家庭成員就讀公立學校,八歲時他就讀倫敦的一家男子學校,並且很喜歡。接下來幾年,他去寄宿學校。1962年,查爾斯被送去蘇格蘭的男子學校,從13歲待到18歲。那是一個艱困的開始,因為男孩們不輕易接受他,他生活得並不容易。這個學校重視體能及肌肉訓練。從查爾斯18歲起,媒體總是攜帶照相機尾隨在他附近,經常對他吹毛求疵。1967年,他就讀劍橋大學的三一學院,選修歷史、考古學及地理學,學習威爾斯語跟政府研究,並履行他的公民義務。他的學校生涯並非都很嚴峻,在大學戲劇的小品當中,他展現了不尋常的幽默感。

根據皇家的傳統,取得學位之後,他21歲開始服軍役,成為一個水手、飛行員及士兵。他駕駛直升機,並花了五年在海上,獲得他自己直轄的小戰艦。他熱愛的活動是馬球,他的技巧高超且大膽。他處於活耀的社交名單中心,身材高大、體格好、黝黑且善於攏人芳心。女人很容易上手且他始終保有主控權。當一段關係降到冰點,他會突然拒人於千里之外。「有情人終成眷屬」不是他所受的訓練之一。不過,查爾斯敏銳地意識到,必須找一個合適的對象,既符合未來英格蘭皇后的資格,而且是個處女。

他可能是在1972年的馬球會賽中遇見卡蜜拉,他們從開

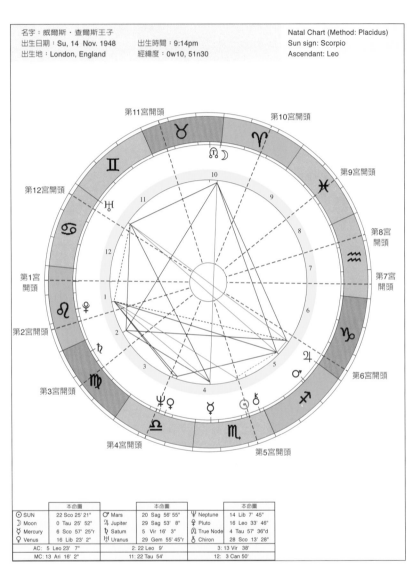

名字：威爾斯‧查爾斯王子　　　　　　　　Natal Chart (Method: Placidus)
出生日期：Su, 14 Nov. 1948　　出生時間：9:14pm　　Sun sign: Scorpio
出生地：London, England　　經緯度：0w10, 51n30　　Ascendant: Leo

第11宮開頭　　　　第10宮開頭
第12宮開頭　　　　　　　　　　　　第9宮開頭
　　　　　　　　　　　　　　　　　　第8宮開頭
第1宮開頭　　　　　　　　　　　　第7宮開頭
第2宮開頭
　　　　　　　　　　　　　　　　第6宮開頭
第3宮開頭
第4宮開頭　　　　　第5宮開頭

	本命圖		本命圖		本命圖
☉ SUN	22 Sco 25' 21"	♂ Mars	20 Sag 56' 55"	Ψ Neptune	14 Lib 7' 45"
☽ Moon	0 Tau 25' 52"	♃ Jupiter	29 Sag 53' 8"	♇ Pluto	16 Leo 33' 46"
☿ Mercury	6 Sco 57' 25"r	♄ Satum	5 Vir 16' 3"	☊ True Node	4 Tau 57' 36"d
♀ Venus	16 Lib 23' 2"	♅ Uranus	29 Gem 55' 45"r	⚷ Chiron	28 Sco 13' 28"
AC: 5 Leo 23' 7"		2: 22 Leo 9'		3: 13 Vir 38'	
MC: 13 Ari 16' 2"		11: 22 Tau 54'		12: 3 Can 50'	

圖表⑳　查爾斯王儲出生圖（一）
宮位的決定使用Placidus法

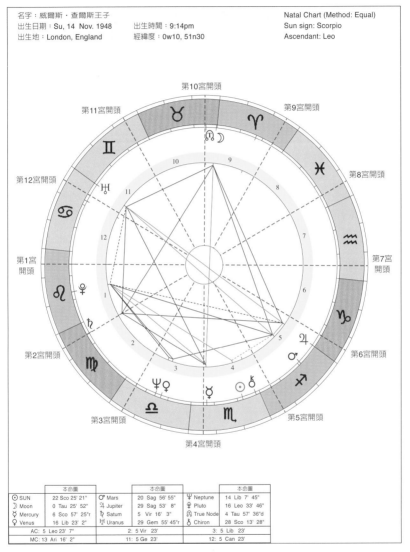

名字：威爾斯・查爾斯王子
出生日期：Su, 14 Nov. 1948
出生地：London, England

出生時間：9:14pm
經緯度：0w10, 51n30

Natal Chart (Method: Equal)
Sun sign: Scorpio
Ascendant: Leo

	本命圖			本命圖			本命圖
⊙ SUN	22 Sco 25' 21"	♂ Mars	20 Sag 56' 55"	Ψ Neptune	14 Lib 7' 45"
☽ Moon	0 Tau 25' 52"	♃ Jupiter	29 Sag 53' 8"	♇ Pluto	16 Leo 33' 46"
☿ Mercury	6 Sco 57' 25"r	♄ Satum	5 Vir 16' 3"	☊ True Node	4 Tau 57' 36"d
♀ Venus	16 Lib 23' 2"	♅ Uranus	29 Gem 55' 45"r	⚷ Chiron	28 Sco 13' 28"
AC: 5 Leo 23' 7"		2: 5 Vir 23'		3: 5 Lib 23'	
MC: 13 Ari 16' 2"		11: 5 Ge 23'		12: 5 Can 23'	

圖表㉑ 查爾斯王儲出生圖（二）
宮位的決定使用等宮制

始便一拍即合，但是她的貴族血統不夠純正，而且不是一個處女。1973年，當他離開去執行海軍的職責時，她嫁給了帕克·鮑爾斯（Parker Bowles）。

　　查爾斯30歲時仍舊單身。皇室對他施壓，必須找一個新娘。1979年8月27日，查爾斯的舅舅路易士·蒙巴頓勳爵（Louis Mountbatten）在他的船艦上被炸彈炸死。這個死亡對查爾斯而言是個嚴重的打擊，因為他失去了生命中敬愛又尊敬的人物。1980年11月，他遇到黛安娜，一個符合王后資格的19歲女孩。她富有同情心且心完全向著他，不過在某種程度上很天真。他們在1981年7月29日結婚，11個月後就有了第一個孩子。查爾斯對他的公眾角色是認真的。他有一個功能跟責任：等待寶座。但是等待對他而言是不夠的。即使他不能參與政治，他也想要在人生中有一個位置。他將自己視為一個普通人的保衛者，於1976年為小企業啟用了信用貸款，以3萬磅的額度幫助如他一般有需要的英國人來維持生計。

　　他有廣泛的興趣，包括繪畫、神祕學、哲學、建築及生態學，並且他熱愛鄉村生活。他的臣民說他古怪，是一個異類。在想要為社會做出貢獻的同時，他試圖在世界中找到他的位置。儘管他的努力常遭到媒體的嚴厲批評。除此之外，他還有

一開始就存在的婚姻壓力，他也一直在繼續或恢復他與卡蜜拉之間的關係。他的妻子黛安娜無法安於她的角色，暴食且情緒化，要求比他準備給予的更多注意力。她的聲勢甚至開始壓過他，在陽光下找到她的位置。大眾愛她，而且有很多人因為她的不快樂而指責他。

1987年，他們的不幸福變得顯而易見，他們一整年幾乎都處於分居狀態。他們婚姻的風暴變成世界新聞，他們宣布正式分開是在1992年12月9日。黛安娜帶著她的故事走向群眾，造成她跟皇室的關係從脆弱到冰點。她和查爾斯都公開承認外遇。王位繼承人是否會離婚這個問題變成猜測及辯論的標的，一直到1996年8月28日正式離婚為止。壓力一消失，且黛安娜轉向她個人的生活之後，他們各自在公眾面前都顯得較為輕鬆。他也開始自在地讓卡蜜拉進入他的生活。

1997年8月31日，黛安娜在巴黎的車禍中身亡。大眾所愛的王妃逝世，悲傷排山倒海而來。謠言四起，說查爾斯策劃了她的死亡，或是至少，他是間接造成並推動她不幸的人。查爾斯總是像個男人在盡他的責任，介入媒體的處理，並以他與生俱來的責任感接手養育兩個兒子。他變得比較親近大眾，並且因他給予兩個兒子的注意力而被讚揚。逐漸地，無論公眾或媒

體，都比以前更擁戴和愛護他了。

1999年，卡蜜拉與他的兒子們在一個場合見面，並在隔年一個公開場合與女王對話。民意似乎不喜愛她變成未來的皇后：的確，很多人覺得查爾斯永遠不會坐上王座，而會由他的兒子威廉直接繼承王位。

在2001年1月6日，查爾斯在英格蘭的德比郡(Derbyshire)獵狐時從馬上摔下，左肩骨頭斷了一根。慢慢地，慢慢地，卡蜜拉與查爾斯的關係在2003年變得更為人所接受，他們開始一起同居在克拉倫斯別墅（Clarence House）。

2005年2月10日的星期四，查爾斯王子宣布他們將於2005年4月8日在溫莎完婚。卡蜜拉將會有康瓦爾公爵夫人的皇室稱號，且如果查爾斯繼承王位，她想被視為王妃，而非皇后卡蜜拉。立法委員已宣布，如果查爾斯成為國王，她的頭銜將會變成皇后。查爾斯的母親，即伊麗莎白女皇表示不想使兩位新人分心，因此不會出席這小型的公民儀式。這對新人因為教宗若望保羅二世過世忍受了另一個延宕他們快樂日子的事，。由於教宗的葬禮計畫於4月8日進行，卡蜜拉和查爾斯將婚禮延至4月9日。當天兩位新人在中午12:30抵達溫莎行館交換誓言。二十五分鐘後，兩人結為夫妻。

國家圖書館出版品預行編目(CIP)資料

輕鬆Run占星 / 馬雅人 著. -- 一版. --
臺北市：八正文化， 2011.01
208面；14.8×21公分.
ISBN 978-986-86458-4-4（平裝）

1. 占星術

292.22   99023692

如何成為與眾不同的占星術士

定價：350

作　　者	馬雅人 Maya
封面設計	蔡卓錦
版　　次	2011 年 1 月一版一刷
發 行 人	陳昭川
出 版 社	八正文化有限公司
	108 台北市萬大路 27 號 2 樓
	TEL / (02) 2336-1496
	FAX / (02) 2336-1493
登 記 證	北市商一字第 09500756 號
總 經 銷	創智文化有限公司
	236 台北縣土城市忠承路 89 號 6 樓
	TEL / (02) 2268-3489
	FAX / (02) 2269-6560

本書如有缺頁、破損、倒裝，敬請寄回更換。

歡迎進入八正文化網　站：http://www.oct-a.com.tw
部落格：http://octa1113.pixnet.net/blog